Palavras de Cristo

Michel Henry

Impresso no Brasil, fevereiro de 2014

Título original: *Paroles du Christ*
Copyright © Éditions du Seuil, 2002

Os direitos desta edição pertencem a
É Realizações Editora, Livraria e Distribuidora Ltda.
Caixa Postal 45321 – Cep 04010-970 – São Paulo – SP
Telefax (5511) 5572-5363
e@erealizacoes.com.br / www.erealizacoes.com.br

Editor
Edson Manoel de Oliveira Filho

Gerente editorial
Sonnini Ruiz

Produção editorial
Sandra Silva

Preparação
Lúcia Leal

Revisão
Geisa Mathias de Oliveira

Projeto gráfico e diagramação
André Cavalcante Gimenez

Ilustração de capa
Cláudio Pastro

Pré-impressão e impressão
Gráfica Vida & Consciência

Reservados todos os direitos desta obra.
Proibida toda e qualquer reprodução desta edição por qualquer meio ou
forma, seja ela eletrônica ou mecânica, fotocópia, gravação ou qualquer
outro meio de reprodução, sem permissão expressa do editor.

Michel Henry

Palavras
de Cristo

Tradução
Carlos Nougué

Realizações
Editora

SUMÁRIO

Introdução 7

Capítulo I 15
    Palavras de Cristo enquanto homem, dirigindo-se aos homens na linguagem que é a deles e falando-lhes deles mesmos

Capítulo II 29
    Decomposição do mundo humano por efeito das palavras de Cristo

Capítulo III 41
    O transtorno da condição humana pela palavra de Cristo

Capítulo IV 55
    Palavras de Cristo que se dirigem aos homens na linguagem deles e que já não lhes falam deles, mas de si mesmo. Afirmação de sua condição divina

Capítulo V 67
    Palavras de Cristo sobre si mesmo: reafirmação de sua condição divina

Capítulo VI 79
    A questão da legitimação das palavras pronunciadas por Cristo a respeito de si mesmo

Capítulo VII 93
    Palavra do mundo, palavra da vida

Capítulo VIII 109
    O Verbo de Deus. Autojustificação das palavras pronunciadas por Cristo sobre si mesmo

Capítulo IX 125
   Palavras de Cristo sobre a dificuldade dos homens ouvirem sua Palavra

Capítulo X 139
   Palavras de Cristo sobre a possibilidade dos homens ouvirem sua Palavra

Conclusão.. 155
   Escutar a Palavra. O que Cristo disse na sinagoga de Cafarnaum

INTRODUÇÃO

Segundo a teologia cristã (interrogar-nos-emos adiante, de um ponto de vista filosófico, sobre sua verossimilhança ou sua legitimidade), a natureza de Cristo é dupla, humana e divina ao mesmo tempo. Na medida em que Cristo é a Encarnação do Verbo de Deus, é esse Verbo – e, portanto, Deus mesmo – que habita n'Ele. Mas, porque a carne em que o Verbo encarnou é semelhante à nossa, Cristo é um homem como nós. Revestindo-se de nossa condição, ele assumiu ao mesmo tempo sua finitude. Essa finitude é precisamente a da carne. Ela se deixa reconhecer por múltiplos sinais. O mais notável é um conjunto de necessidades que atestam que nenhuma carne se basta a si mesma. É-lhe necessário alimentar-se sem cessar, cuidar de si, proteger-se de diversos modos tanto dos perigos que a ameaçam do exterior quanto do perigo interior que não cessa: a saber, todas essas necessidades que exigem imperativamente ser satisfeitas. De sorte que toda carne é condenada a manter a vida que há nela e que reclama sem parar as condições de sua sobrevivência.

É essa vida, na verdade, que é limitada, tão incapaz de dar-se vida a si mesma quanto de manter-se por seus próprios meios. Eis por que a carne cuja vida é finita apresenta duas séries de características correlativas. Por um lado, as impressões de que ela é constituída são tonalidades afetivas negativas, como o mal-estar da necessidade, a insatisfação, o desejo, as múltiplas formas e matizes da dor e do sofrimento de que ela é sede. Em todas essas tonalidades, seu teor penoso ou desagradável exprime a *falta* fundamental que afeta a carne na medida em que ela é incapaz de se bastar a si mesma. Dessa primeira série de características resulta, por outro lado, um segundo traço próprio de toda carne: seu dinamismo. Precisamente porque nenhuma das necessidades que marcam nossa condição carnal pode ficar sem resposta, porque elas se manifestam com uma insistência cuja pressão não demora a tornar-se insuportável, surgem então em nossa própria carne vários movimentos pelos quais ela se esforça para transformar seu mal-estar no bem-estar de um desejo provisoriamente satisfeito. É assim que o domínio que o sistema de nossas necessidades exerce sobre nós corresponde ao conjunto das atividades necessárias à sua satisfação. Quaisquer que sejam os desvios e as perversões, as inversões que ela sofra na história, o que se chama "economia" extrai sua motivação de nossa condição encarnada. Se o trabalho, como diz Marx (que, ao longo de sua obra, o designa como um trabalho "subjetivo, individual e vivo"), viesse a se interromper por um só dia, a humanidade desapareceria.

Essa finitude da condição encarnada, com suas prescrições, seus ritmos que marcam a existência cotidiana e lhe conferem sua temporalidade própria, Cristo viveu-a como cada um de nós. Durante um longo período de sua vida, ele trabalhou. E, quando, em sua vida pública e para consagrar-se inteiramente à sua missão, ele encarregou seus discípulos e aqueles que o acolhiam das tarefas que impropriamente se chamam materiais (quando em verdade são compostas de impressões e de motivações de todo subjetivas), ele continuou a conhecer a fome, a sede, o cansaço, a tristeza e as lágrimas antes de padecer as torturas e os ultrajes de sua Paixão.

Se a natureza de Cristo é dupla, pode-se pensar que também sua palavra é dupla. Não que ela seja marcada pela duplicidade, ao modo de uma palavra humana submissa às intrigas do mundo, exercida no fingimento e na mentira. A palavra de Cristo é dupla num sentido completamente diferente, tão preciso quanto radical: *trata-se ora da palavra de um homem, ora da palavra de Deus*. A análise das palavras de Cristo não está, portanto, sujeita a que se pergunte a respeito de cada uma delas: quem fala? O homem-Jesus, aquele que não tem onde repousar a cabeça e que pede água à Samaritana? Ou o próprio verbo de Deus, que é a Palavra de um Deus eterno e que diz de suas próprias palavras: "O céu e a terra passarão; minhas palavras, porém, não passarão" (Lucas 21,33)?

Essa dissociação essencial entre a palavra de um homem e a de Deus deve ser objeto de um exame rigoroso. Em cada palavra, será que não convém distinguir o modo como ela fala, considerada a palavra em si mesma como palavra falante, em seu Dizer e em sua maneira de dizer – e, por outro lado, tanto aquilo de que ela fala quanto o que diz a respeito desse conteúdo?

No caso da palavra humana, é a natureza da linguagem humana em geral que deve ser elucidada. No século XX, sua análise tornou-se um dos maiores temas de reflexão, deu lugar a numerosas concepções, complementares ou opostas, agrupadas, porém, numa vasta "filosofia da linguagem" cujos pressupostos diversos – fenomenológicos, analíticos ou psicanalíticos – não chegaram a romper uma unidade última. Esta consiste precisamente em considerar que a linguagem, no ato da palavra, é diferente daquilo de que fala, de seu "conteúdo". Assim, é fácil separar em toda palavra humana a natureza da linguagem que ela põe em jogo e, por outro lado, os objetos que a palavra designa e qualifica. A linguagem considerada em si mesma não é idêntica, digamos, a estas fórmulas de Spinoza, "o cão late" e "o conceito de cão não late"? Por que tal separação entre o Dizer da linguagem e o que ela diz intervém em toda palavra humana, aí está o que é preciso explicar.

Mas outra observação, ainda mais importante, se impõe a nós. As diversas concepções da linguagem não apresentam um segundo traço comum, este puramente negativo? Todas concernem à linguagem dos homens. Na medida em que, para dirigir-se a estes últimos, Cristo utiliza a linguagem que lhes é própria, então o modo como ele lhes fala manifesta as propriedades da linguagem humana, aquelas que são estudadas pelas análises da linguagem de que falamos.

Se supusermos agora que o Verbo de Deus fala uma linguagem completamente distinta, diferente quanto ao princípio da linguagem humana, seremos forçados a reconhecer que sua Palavra escapa ao conjunto das concepções da linguagem que acabam de ser consideradas. Por visar unilateralmente à linguagem dos homens, a filosofia da linguagem apresentaria uma grandíssima lacuna, pois não saberia nada da palavra que, afinal, é a única que importa – a Palavra de Deus, isto é, *o modo como Deus nos fala*. Não se trataria, aliás, somente de uma simples lacuna, mas de uma ocultação tão desastrosa quanto definitiva. A Palavra de Deus não permaneceria apenas incompreendida, mas se teria perdido até a ideia dela.

As palavras de Cristo – muitas delas, pelo menos – chegaram até nós. Elas estão contidas nas Logia, que são compilações cuja origem é indubitável. O Evangelho apócrifo dito *de Tomé*, encontrado numa biblioteca gnóstica, no Egito, consiste numa simples enumeração de palavras de Jesus. Compilações desse gênero circularam desde os primeiros tempos. Nada impede de pensar que algumas das proposições que elas relatam foram anotadas durante a vida de Cristo por ouvintes, discípulos, e até por um secretário nomeado. O Evangelho dito *de Tomé* foi redigido muito provavelmente em meados do século II, mas nem por isso deixa de dar prova da antiguidade das Logia; um bom número de seus enunciados se encontra nos Evangelhos de Mateus, Marcos e Lucas.[1] Os evangelistas evidentemente hauriram daquela fonte (sem que seja possível subestimar, por isso, a importância decisiva da pregação oral dos apóstolos) a fim de construir um ensinamento destinado a transmitir a Revelação divina contida nas palavras de Cristo.

Ainda nos seria preciso estar em condições de compreendê-las. Isso já não acontece, perguntar-se-á, já que essas palavras são formuladas numa linguagem que é precisamente a nossa? Muitos homens, todavia, não a compreendem. Como diz o próprio Cristo, citando Isaías, mas a propósito de seu próprio ensinamento: "Eles têm ouvidos e não ouvem" (cf. Capítulo IX). Se se quiser diminuir um pouco a profundidade

---

[1] Sobre isso, reporte-se ao admirável trabalho de Henri-Charles Puech, *En Quête de la Gnose*, t. II, *Sur l'Évangile de Thomas*. Paris, Gallimard, 1978.

dessa surdez, dir-se-á que eles só extraem dessas palavras seu sentido humano, reduzindo-as a preceitos morais respeitáveis, até admiráveis, mas nada prova que sejam algo mais que dizeres de um inspirado, de um sábio ou de um profeta. Que se trate da palavra de Deus ou, se se preferir, que o Cristo que as proferiu seja seu Verbo, aí está o que falta estabelecer e no que precisamente muitos não creram e não creem.

Pode-se, pois, admitir, contrariamente às contraverdades da exegese positivista, pseudo-histórica e ateia do século XIX, que as palavras de Cristo não têm nada que ver com as invenções das comunidades cristãs tardias. Elas se oferecem a nós a título de documentos autênticos. Nada impede, todavia, que as consideremos palavras humanas, e isso em todos os sentidos do termo. Palavras pronunciadas por um homem dirigindo-se a outros homens na linguagem dos homens e falando a eles deles mesmos. Deles mesmos, isto é, de sua natureza, de suas qualidades e de seus defeitos, indicando-lhes o que devem fazer, onde está o bem e onde está o mal: uma ética, com efeito.

No entanto, nem todas essas palavras de Cristo dirigidas aos homens lhes concernem. Algumas lhes falam não deles mesmos, mas daquilo que é aquele que lhes fala. São, aliás, as mais assombrosas. Elas compõem o que se deve chamar de *discurso de Cristo sobre si mesmo*. E que esse discurso singular circunscreve a parte mais importante de seu ensinamento, a de que todo o resto decorre, aí está o que não poderia escapar a quem medita sobre declarações sem equivalente na história do pensamento humano. Com efeito, essas palavras dirigidas aos homens numa linguagem que é a deles, e nas quais Cristo lhes fala de si mesmo, nunca falam dele como se ele fosse mais um entre os demais, como se fosse um homem. De modo velado, de início, indiretamente e, depois, abertamente, é como Filho de Deus – e, assim, aos olhos de todos os que estavam lá – que ele, alto e bom som, se designa. E que essas afirmações surpreendentes tampouco são produto de fabulações tardias de comunidades exaltadas, podemos vê-lo pelo fato de terem sido, durante a vida de Cristo, a causa direta de sua condenação e de sua morte. Quanto aos simples profetas, os judeus estavam habituados a eles e, bem ou mal, os suportavam. Se João Batista foi decapitado, não foi porque profetizava ou batizava, mas, como se sabe, em decorrência do ardil de uma mulher cujo adultério ele denunciava.

Agora, se, em seu discurso sobre si mesmo, Cristo se designa Filho de Deus, de "seu Pai", da mesma natureza que ele, falando em seu nome e dizendo o que seu Pai lhe disse, o que seu Pai diz, então a questão a que fizemos alusão desde o início permanece com força intacta. Cristo, em virtude de sua dupla natureza, não se dirige a nós de duas maneiras diferentes, ora numa palavra humana, ora como a própria Palavra de Deus? Por isso mesmo, uma análise crucial dessas duas formas de palavra não se impõe, a despeito da dificuldade que suscita? Se hoje nos é fácil falar da linguagem humana, de sua natureza, de sua capacidade de estabelecer entre os homens uma comunicação, e isso em razão do desenvolvimento da filosofia contemporânea da linguagem, a possibilidade de analisar do mesmo modo a Palavra de Deus parece fora de nosso alcance. De que elementos dispomos aqui? Não seria necessário saber o que é Deus para conhecer *a maneira como Ele nos fala e para compreendê-la*? Ou ainda: como uma linguagem que seria a de Deus poderia ser perfeitamente ouvida por nós em nossa linguagem? Nessa pretensa linguagem de Deus que adotaria a estrutura de uma linguagem humana, nós apreenderíamos sem dúvida o que ela nos permite captar. Seguramente, nas palavras de Cristo anotadas nas Logia e transmitidas pelos Evangelhos, compreendemos muitas coisas, e coisas impressionantes. Mas a questão derradeira não é aprender *em que esta Palavra é de proveniência e de essência divinas, e, assim, saber, por um saber invencível, que, com efeito, ela é a Palavra de Deus* – e de nenhum outro?

Durante séculos, a Palavra de Deus foi imediatamente vivida como tal, como sua Palavra. Tal situação se degradou progressivamente nos tempos modernos. E isso se deu não só porque o ensinamento desta palavra – indispensável para sua transmissão de uma geração a outra – foi proscrito tanto dos estabelecimentos de ensino público como da educação em geral, ferido de proibição no combate sem trégua feito ao cristianismo pelo dogmatismo totalitário dos Estados ditos "democráticos". Na verdade, foi a organização inteira do mundo, com seu materialismo onipresente, seus ideais sórdidos de êxito social, de dinheiro, de poder, de prazer imediato, seu exibicionismo e seu voyeurismo, sua depravação de todos os gêneros, sua adoração dos novos ídolos, das máquinas infra-humanas, de tudo que é menos que o homem, a redução deste ao biológico e, por meio disto, ao inerte – é tudo isso (de que o ensino se tornou reflexo alternadamente escandaloso, cego ou burlesco), esse tumulto incessante da atualidade com seus eventos sensacionais e seus malabaristas de feira, que encobre para sempre o silêncio em que fala a palavra que já não ouvimos.

Todavia, nossa preocupação não visa aqui ao fenômeno histórico da modernidade que gira o tempo todo em torno de seu próprio nada.[2] A pergunta que nos fazemos é uma questão de princípio. É possível ao homem ouvir na linguagem que é a sua uma palavra que falaria em outra linguagem, que seria a de Deus, mais exatamente seu Verbo? E, se não, como poderia ele ao menos assegurar-se da existência de tal palavra? É de modo muito concreto que nos esforçaremos por responder a uma interrogação que envolve o destino do homem. Para esse fim, tomaremos para guia de nossa reflexão as próprias palavras de Cristo. Pois sem dúvida alguma são elas que contêm a resposta. Assim como, de fato, toda asserção científica e, no fundo, toda afirmação humana trazem em si *uma pretensão à verdade*, assim também a palavra de Cristo se distingue por uma pretensão desmedida aos olhos e aos ouvidos de muitos homens deste tempo. Sua pretensão não é somente transmitir uma revelação divina, mas, sim, ser em si mesma, pura e simplesmente, esta Revelação, a Palavra de Deus. Seguindo passo a passo o encadeamento dessas palavras, esforçar-nos-emos por ver se elas são capazes de legitimar tal promessa: proferir a Palavra desse Deus que Cristo diz ser ele próprio.

A ordem que observaremos neste exame não será, naturalmente, uma ordem cronológica, ordem que, ademais, não fixamos.

---

[2] Sobre isso, reporte-se ao nosso trabalho *A Barbárie*. Trad. Luiz Paulo Rouanet. São Paulo, É Realizações, 2012.

Tampouco será uma ordem de fundamentação, começando por proposições – axiomas, pressupostos ou princípios – nas quais todas as outras repousem, ordem que ignoramos igualmente, ao menos por ora. Inspirando-nos nas grandes distinções brevemente esboçadas nesta introdução, estudaremos, sucessivamente:

I. As palavras de Cristo enquanto homem que se dirige aos homens na linguagem que é a deles e falando-lhes deles.

II. As palavras de Cristo enquanto homem que se dirige aos homens em sua linguagem para lhes falar já não deles, mas de si próprio.

Na medida em que, falando de si mesmo, Cristo se dá como o Messias, dizendo aos homens o que seu Pai lhe disse, e, assim, como o Verbo de Deus, será preciso examinar ainda:

III. Em que a palavra de Cristo enquanto Verbo, enquanto Palavra de Deus, difere da palavra humana em geral. Como fala e que diz ela? Quais são suas características essenciais?

IV. Como, enfim, os homens são capazes de ouvir e compreender essa Palavra que já não é a deles, mas a de Deus?

Quaisquer que sejam os rodeios implicados pela ordem de nosso questionamento, é apenas produzindo as análises que ele exige que estaremos em condições de lhe dar uma resposta de que depende, afinal de contas, uma compreensão correta de nossa condição de homem. Este, com efeito, não é totalmente diferente se decorrer de uma definição específica que o encerra em seu círculo – aprisionamento próprio de toda forma de humanismo – ou se, suscetível de ouvir a Palavra de Deus e aberto à escuta dela, só seja inteligível, em verdade, em sua relação interior com este absoluto de Verdade e Amor que se chama Deus?

Capítulo I

Palavras de Cristo enquanto homem, dirigindo-se aos homens na linguagem que é a deles e falando-lhes deles mesmos

É possível assinalar nos Evangelhos certo número de declarações que poderiam ser, efetivamente, de um homem, o homem-Jesus. Este se distinguiria apenas pela profundidade de suas visões e pelas conclusões que delas tira para indicar a seus ouvintes regras de comportamento. Esse gênero de discurso constitui o que se pode chamar de sabedoria. O mais das vezes, aliás, tais declarações não isolam o indivíduo, considerando-o antes em seu ambiente, ou até em sua relação com o conjunto do universo. O julgamento feito sobre o que é humano e os conselhos que daí resultam implicam, por conseguinte, um julgamento sobre o próprio universo.

Tal é o caso de duas passagens singulares, uma de Marcos, a outra de Mateus, cuja importância reside, ademais, no fato de o problema do mal ser tratado de modo decisivo: deixa-se de lado o universo, pois que o mal se encontra no homem e somente nele. Essa tese é enunciada a propósito de uma questão ao mesmo tempo muito particular e muito concreta, para não dizer insignificante. "Então os discípulos, acercando-se dele, disseram-lhe: 'Sabes que os fariseus, ao ouvirem o que disseste, ficaram escandalizados?" (Mateus 15,12). Indo uma vez mais contra o formalismo ritualista da religião judaica, Jesus acabava simplesmente de declarar que não é necessário lavar as mãos antes de comer. Todavia, essa declaração provocante para todos os legalistas encerra uma afirmação metafísica. Ela não se contenta apenas em enunciar, como fará Hegel dezenove séculos depois, que "só a pedra é inocente". Convém estender essa asserção a tudo o que é semelhante à pedra. Todo processo material, tudo o que a ciência estuda, tudo o que não sente nada e não experimenta nada, tudo o que é estranho ao homem, tudo isso é inocente. Eis por que "Jesus declarou puros todos os alimentos"...

Ao contrário, é em seu coração – ali onde o homem experimenta tudo o que ele experimenta e se experimenta a si mesmo, ali onde ele é homem à diferença de todas as "coisas" – que se encontra o mal, é dali que provém. Assim, em Mateus (15,17-20):

> Não entendeis que tudo o que entra pela boca vai para o ventre e daí para a fossa? Mas o que sai da boca procede do coração e é isso que torna o homem impuro. Com efeito, é do coração que procedem más intenções, assassínios, adultérios, prostituições, roubos, falsos testemunhos e difamações. São essas coisas que tornam o homem impuro, mas o comer sem lavar as mãos não torna o homem impuro.

Encontramos um texto semelhante em Marcos (7,15-23):

> Nada há no exterior do homem que, penetrando nele, o possa tornar impuro. (...) Com efeito, é de dentro, do coração do homem, que saem as intenções malignas (...). Todas essas coisas más saem de dentro do homem e o tornam impuro.

A delimitação do lugar do mal, denominado impureza, não interessa apenas à ética, mas implica uma definição geral da condição humana que põe em seu princípio, como acabamos de dizer, o "coração". A identificação da realidade humana no "coração" tem um significado inaudito: ela atesta que, diferentemente das coisas do universo que não sentem e não experimentam nada – e que, por essa razão, não poderiam ser boas nem más –, o homem é aquele que se experimenta a si mesmo. É por essa razão precisa que ele é capaz de, ao mesmo tempo, experimentar e sentir tudo que o cerca, o mundo e as coisas que nele se mostram. Mas experimentar a si mesmo constitui o próprio da vida. Viver não é, com efeito, nada além de: sofrer o que se é e gozar de o ser, desfrutar de si. O "coração" – termo que reaparece tão amiúde nos Evangelhos – designa, assim, a realidade do homem como essencialmente afetiva, como o que ela é em verdade. A Afetividade é a essência da vida. É, ademais, sob o termo vida que, no conjunto das palavras que recebemos dele, Cristo designa a realidade humana, a nossa realidade, *a nossa vida*. Os textos mais concretos dos sinópticos dizem a mesma coisa que os textos joaninos ou que as cartas de Paulo.

Do ponto de vista filosófico, a definição de homem como ser que extrai sua realidade da Afetividade da vida, e, assim, como ser vivo que não cessa de se experimentar a si mesmo no sofrimento ou na alegria, tem um alcance revolucionário. No plano histórico, ela abalou o horizonte de pensamento que era o dos gregos, para os quais o homem é um ser racional. É justamente por sua Razão – enquanto "provido do Logos" – que o homem se diferencia do animal. A definição cristã que faz do homem um "vivente" não tem, todavia, nada que ver com sua interpretação biológica atual. Para esta, com efeito, o que se chama tradicionalmente "vida" reduz-se a um conjunto de processos materiais semelhantes aos que a física estuda. É esse domínio, no qual se polariza o olhar científico, que nos aparece, segundo a descrição de Mateus e de Marcos, como o "exterior", onde não há nenhum mal porque, com efeito, nele não há nada de humano.

A distinção entre o que, exterior ao homem, lhe é estranho e, por outro lado, o "coração", onde o homem se experimenta a si mesmo e a tudo o que experimenta – suas afeições, seus desejos e, por exemplo, "as intenções malignas: prostituições, roubos, assassínios, adultérios, ambições desmedidas, maldades, malícia, devassidão, inveja, difamação, arrogância, insensatez" (versão de Marcos) –, tal distinção, por mais importante que seja, absolutamente não permite que nos elevemos acima da ordem humana: ela serve, ao contrário, para defini-la. Trata-se de uma ordem que já não é a das coisas, mas da vida que se experimenta a si mesma com seus sofrimentos, seus maus desejos ou sua imensa felicidade de viver.

Assim, vê-se produzir constantemente nos Evangelhos um movimento de pensamento que conduz de uma ordem de realidade a outra. As circunstâncias às vezes extraordinárias em que tal deslocamento se opera não bastam para mascarar sua evidência. Quando, por ordem de Cristo, Simão e seus companheiros, após uma noite de pesca infrutífera, lançam novamente suas redes nas águas do lago de Genesaré, e essas redes se rompem com o peso dos peixes, o pavor os toma de assalto, a ponto de Simão rogar ao Senhor que se afaste. A resposta de Cristo é bem conhecida: "Não tenhas medo. Doravante serás pescador de homens" (Lucas 5,10).

A distinção aparentemente muito simples que intervém entre as "coisas" e os "homens", só pode ser entendida, porém, no contexto do pensamento evangélico. Os homens em questão são viventes e – tal como fomos levados a reconhecer desde nossa primeira reflexão sobre a pessoa de Cristo definida a partir da Encarnação do Verbo – são seres encarnados. Seres encarnados não são seres que têm um corpo semelhante ao das coisas – corpo objetivo material incapaz de sentir o que quer que seja. São seres que têm uma carne, ou antes, que são carne: essa totalidade movente e não rompível de impressões sensíveis, afetivas, dinâmicas que constitui a realidade concreta dos seres de carne que somos. O que eles experimentam chama-se fome, sede, frio, mal-estar da necessidade não satisfeita, pena no esforço, medo do obstáculo, ressentimento por tudo o que se opõe a eles ou que é mais que eles, desprezo pelo que é menos que eles ou que eles consideram como tal.

Ou seja, o mundo com que têm de se haver esses seres encarnados já não é aquele com que deparam os puros espíritos, o sujeito racional – o mundo abstrato do saber teórico e da ciência, com seus objetos também abstratos, despojados de toda qualidade sensível, definidos por parâmetros matemáticos. O mundo dos seres encarnados é composto de objetos sensíveis, recortados e determinados por necessidades e afetos, portadores do conjunto dos valores que a vida lhes confere. O mundo dos homens é, assim, o mundo dos viventes, um mundo-da-vida – *Lebenswelt*, como o denominam os filósofos alemães. A oposição que o cristianismo estabelece entre o homem e o mundo não tem nada de uma distinção teórica entre um sujeito de conhecimento e seu objeto. Ela separa os seres encarnados desse mundo-da-vida que é o seu, um mundo de valores correspondentes às necessidades, às pulsões, às emoções que formam a substância de nossa carne. Nessa oposição é constantemente afirmado o primado do homem, compreendido como Si carnal vivente, sobre o conjunto das coisas úteis à sua vida e que recebem dela seu valor.

Também é clara a superioridade do homem sobre o universo inteiro: Cristo não cessa de pô-la diante do olhar dos homens quando lhes fala deles mesmos. Essa superioridade motiva uma das maiores críticas que se encontram em várias passagens do Evangelho, especialmente neste texto de Mateus (6,25-34):

> Por isso vos digo: não vos preocupeis com a vossa vida quanto ao que haveis de comer, nem com o vosso corpo quanto ao que haveis de vestir. Não é a vida mais do que o alimento e o corpo mais do que a roupa? Olhai as aves do céu: não semeiam, nem colhem, nem ajuntam em celeiros. E, no entanto, vosso Pai celeste as alimenta. Ora, não valeis vós mais do que elas? (...) Observai os lírios do campo, como crescem, e não trabalham nem fiam. E, no entanto, eu vos asseguro que nem Salomão, em toda sua glória, se vestiu como um deles. (...) Não vos preocupeis, portanto, com o dia de amanhã, pois o dia de amanhã se preocupará consigo mesmo.

O ponto de impacto dessa célebre crítica é difícil de delimitar. Pois, na oposição entre o homem e o mundo que ela põe em jogo, a crítica recai sobre o mundo, que é menos que o homem. Mas ela se volta imediatamente contra o próprio homem na medida em que ele deposita seu interesse nesse mundo que é menos que ele. Fazendo do que lhe é inferior a fonte de sua cobiça, a rede de pseudovalores sobre os quais regula doravante seus desejos e seu comportamento, o homem se desvaloriza a si próprio. À superestimação do mundo e de seus objetos transformados em seus ideais ou em seus ídolos corresponde a ocultação pelo homem de sua própria condição e do que ela comporta de eminente. Donde a estranha e categórica declaração de Cristo: "Não valeis vós mais do que elas?".

Por conseguinte, a relação entre esse mundo onde desenvolvemos nossos projetos e nos empenhamos por sua realização e, por outro lado, a nossa própria vida, deve ser aprofundada se quisermos compreender a inversão da hierarquia que estabelecemos espontaneamente, preocupando-nos primeiro com as coisas do mundo e esquecendo-nos desta vida que é a nossa e que vale infinitamente mais que todo o restante. A passagem de Mateus que precede imediatamente a que acabamos de comentar responde à nossa interrogação. Por trás do caráter ético dos preceitos formulados, convém reconhecer a significação abissal desta resposta. *A relação entre o mundo e a nossa própria vida se propõe aí sob a forma de uma oposição radical entre o visível e o invisível.* O mundo é o reino do visível; a vida, o reino do invisível. Ao mundo pertence tudo que é suscetível de aparecer diante de um olhar, de se dar em espetáculo numa "luz" que é o próprio mundo. Essa luz surge de um distanciamento das coisas num "horizonte" de exterioridade na tela do qual todas as coisas aparecem para nós – nesse "fora", nesse "diante", nesse "diante de nós", nesse "diante dos homens" que é o mundo como tal. A luz desse horizonte de visibilidade é frequentemente chamada nos Evangelhos "a glória do mundo", por oposição à revelação invisível da vida em nós, designada como "o segredo" – um segredo que, por conseguinte, somos nós mesmos – ou ainda denominado "a glória de Deus".

Ora, essa divisão radical entre o reino do visível e o reino do invisível diz respeito a nós, que pertencemos tanto ao mundo quanto à vida. Por um lado, o homem se mostra no mundo sob o aspecto de um corpo objetivo semelhante ao das coisas. É assim que ele se dá a ver tanto aos outros homens quanto a si mesmo. Quando esse corpo age, sua ação se reveste do aspecto de um deslocamento exterior, ela aparece objetiva como esse corpo. Mas sabemos que o corpo não é senão a aparência visível de uma carne vivente experimentando-se a si mesma na vida, invisível como ela. Só essa carne vivente, feita de nossas impressões, de nossos desejos e de nossos esforços para satisfazê-los, bem como de nossas dores e de nossas alegrias, constitui nossa verdadeira realidade, o coração e o segredo de nosso ser. Porque essa carne invisível define nossa verdadeira corporeidade, e é nela também que se cumprem todas as nossas ações consideradas em sua realidade efetiva, de que nunca se apreende senão uma aparência exterior, sua envoltura, por assim dizer. Dessa defasagem entre nossas ações reais e sua aparência nasce a possibilidade da hipocrisia que habita o mundo dos homens e que, como se vê aqui, não se limita absolutamente a suas palavras, mas concerne também a seus atos.

Estamos agora em condições de compreender o texto de Mateus (6,1-18):

> Guardai-vos de praticar a vossa justiça diante dos homens para serdes vistos por eles. (...) Por isso, quando deres esmola, não te ponhas a trombetear em público, como fazem os hipócritas nas sinagogas e nas ruas, com o propósito de ser glorificados pelos homens. (...) Tu, porém, quando deres esmola, não saiba tua mão esquerda o que faz tua direita, para que tua esmola fique em segredo (...). E, quando orardes, não sejais como os hipócritas, porque eles gostam de fazer oração pondo-se em pé nas sinagogas e nas esquinas, a fim de serem vistos pelos homens. (...) Tu, porém, quando orares, entra no teu quarto e, fechando tua porta (...). Quando jejuardes, não tomeis um ar sombrio como fazem os hipócritas, pois eles desfiguram seu rosto para que seu jejum seja percebido pelos homens. (...) Tu, porém, quando jejuares, unge tua cabeça e lava teu rosto, para que os homens não percebam que estás jejuando (...).

Para além de sua significação ética evidente, essa crítica da atitude que mais amiúde se constata entre os seres humanos e que consiste em buscar no olhar dos outros uma justificativa para o que se faz e, assim, para o que se é – seu próprio "prestígio" – repousa na oposição crucial entre o visível e o invisível, entre o exterior e o interior, oposição que atravessa todo o ensinamento de Cristo. Oposição semelhante – entre a realidade, que se tem no "coração", e a aparência, que é a do mundo – fundamenta a *possibilidade* mesma da hipocrisia. Por isso ela está em ação na polêmica contra os fariseus, cuja duplicidade não é o menor de seus defeitos. Ela se encontra nesta diatribe apaixonada de Cristo: "Ai de vós, escribas e fariseus, hipócritas! Sois semelhantes a sepulcros caiados, que por fora parecem belos, mas por dentro estão cheios de ossos de mortos e de toda podridão. Assim também vós: por fora pareceis justos aos homens, mas por dentro estais cheios de hipocrisia e de iniquidade" (Mateus 23, 27-28).

A oposição entre o visível e o invisível – que é retomada e explicitamente formulada no credo cristão – tem um alcance filosófico decisivo. Ela não traça uma linha divisória entre o que é humano e o que é divino, o invisível designando o "Céu" e tornando-se como este último uma espécie de "outro mundo" ou de "além" mítico, objeto de ceticismo para todos os que pretendem apoiar-se no que se pode ver e tocar. O invisível concerne ao próprio homem em sua realidade verdadeira. O homem é efetivamente duplo, visível e invisível ao mesmo tempo. A análise de seu corpo estabeleceu que este último se dá a nós de dois modos: de um lado, sob a forma de um corpo exterior visível, à maneira dos demais corpos do universo; de outro lado, cada um vive interiormente seu próprio corpo sob a forma dessa carne invisível, sofredora e desejosa, com a qual o homem é apenas um.

Sucede, porém, que os dois termos que aprendemos a distinguir não se situam em absoluto no mesmo plano. Reduzido a seu aspecto objetivo, nosso corpo não seria mais que uma representação entre todas as outras, uma espécie de imagem como a que se vê num espelho, da qual ele teria a leveza, a transparência, a irrealidade, a impotência. É em nossa carne invisível que esse corpo representado, objeto proposto ao olhar, encontra sua realidade, a consistência impressional, dinâmica e patética que faz de nossa condição encarnada o que ela é.

Assim, convém afirmar esta verdade à primeira vista desconcertante: no que concerne ao homem, é em nossa subjetividade invisível que se apoia nossa realidade efetiva; nossa aparência exterior é precisamente tão só uma aparência. Essa tese insólita resulta tanto da polêmica de Cristo contra a hipocrisia dos fariseus como de sua análise do mal. Trate-se do jejum, da oração, da boa ação ou da má, essas diversas atividades escapam ao mundo visível, cumprindo-se ali onde elas permanecem desconhecidas dos outros: no segredo.

Uma primeira aproximação a um número – aliás, muito limitado – de palavras de Cristo dirigidas aos homens é suficiente para desvelar intuições de uma profundidade que o pensamento ocidental de inspiração grega terá muita dificuldade para assimilar. Será preciso esperar o início do século XIX para que um filósofo genial, Maine de Biran, faça a descoberta de um corpo subjetivo oposto ao corpo-objeto da tradição. Não é notável que a concepção da ação como operação desse corpo subjetivo, tendo seu lugar em nossa carne e, portanto, sendo invisível como esta – concepção em que repousam as breves sequências do ensinamento de Cristo a que fizemos alusão –, permaneça ainda hoje incompreendida?

Por mais profundas, todavia, que sejam as palavras de Cristo concernentes à condição humana – definição dessa condição como carne vivente em sua oposição ao corpo objetivo do mundo, distinção decisiva entre o visível e o invisível como condição dessa oposição, concepção inteiramente original da ação, que dela resulta igualmente –, por mais verdadeiras que devam parecer hoje a qualquer indivíduo capaz de autêntica reflexão sobre si mesmo e sobre o mundo em que vive, elas não deixam de ser palavras humanas. Grandes pensadores, como Descartes ou Maine de Biran, ou ainda, em grau menor, Schopenhauer, puderam encontrar nelas intuições fundadoras. Palavras humanas por todos os aspectos, porque aquele que as pronuncia é um homem, dirigindo-se a homens na linguagem que é a deles, a fim de que o compreendam. Ademais, essas palavras lhes falam de sua própria existência nesse mundo onde ela se desenrola, da conduta enfim que eles devem seguir em tal mundo. O conjunto desses discursos, seu conteúdo, os pressupostos de seu enfoque determinam o que se pode chamar um "sistema do humano", no qual tudo vem do homem, tudo se refere a ele. Um "humanismo", se se quiser, ou ainda, como já se observou, uma sabedoria. A origem, a natureza e a finalidade de tal sistema explicam sua coerência, porque é sempre uma mesma realidade que está em questão. Eis por que todas as grandes civilizações, antes até de serem civilizações da escrita, produziram sabedorias desse gênero, o que permitiu ao homem viver ou sobreviver seguindo prescrições que estão gravadas nele como os componentes de sua natureza.

Muitas outras palavras de Cristo se inscrevem, parece, nesse sistema em que tudo deriva do homem. É notadamente o caso de declarações muito duras pelas quais Cristo recusa a subordinação do homem a uma rede de leis a que ele deveria conformar sua ação. A inversão de uma hierarquia que põe a lei acima do homem torna-se ainda mais impressionante quando a lei em questão é a lei religiosa. Ela aparece em sua radicalidade por ocasião do conflito aberto com os fariseus. "É lícito ou não curar no sábado?" Sendo a vida aquilo que é preciso curar, o objeto da inversão se mostra com toda a clareza: a vida é mais que a Lei. Ora, essa subordinação da Lei à vida não vale apenas no caso excepcional de uma doença; ela vale sempre na existência cotidiana. "Qual de vós, se seu filho ou seu boi cai num poço, não o retira imediatamente em dia de sábado?" Ante esse surgimento nu da vida em suas formas mais banais, as prescrições ideais da Lei perdem todo crédito – aí está uma afirmação ainda mais significativa e desagradável por se dirigir aos que têm sua guarda, "aos legistas e aos fariseus", e eles "nada lhe puderam replicar" (Lucas 14,3-6).

Outro trecho de Lucas, citado com menos frequência, parece levar ao extremo esse apelo feito ao homem para que busque e reconheça em si mesmo o princípio de suas decisões e de seus atos. Ela evoca o momento surpreendente em que Cristo pede a cada um que se erija ele mesmo em juiz dos conflitos que podem opô-lo a outros, em vez de recorrer a instâncias exteriores como os tribunais: "Por que não julgais por vós mesmos o que é justo? Com efeito, enquanto te diriges com teu adversário em busca do magistrado, esforça-te por entrar em acordo conciliar com ele no caminho (...)" (Lucas 12,57-58). Sabe-se como Paulo, que evidentemente conhecia esses ensinamentos, lhes dará um significado decisivo. Mas o tema está presente em todas as partes dos sinópticos: "O sábado foi feito para o homem, e não o homem para o sábado" (Marcos 2,27).

O que acaba por fechar sobre si mesmo o que chamamos, por essa razão, de sistema do humano, é que aquele que lhe acaba de traçar as grandes linhas tem, ele mesmo, todas as aparências de um homem. Além da estranha expressão "Filho do homem" que reaparece sem cessar nos Evangelhos (mas que significa exatamente o contrário do que parece querer dizer à primeira vista), podem-se citar várias passagens em que, não satisfeito com se comportar à maneira de um homem, Cristo se designa explicitamente como tal. "Então chegou-se a ele um escriba que disse: 'Mestre, eu te seguirei para onde quer que vás'. Ao que Jesus lhe respondeu: 'As raposas têm tocas e as aves do céu, ninhos; mas o Filho do Homem não tem onde reclinar a cabeça" (Mateus 8,19-20; mesmo texto em Lucas 9,57-58). Excetuando o pecado, Cristo não assumiu, segundo a teologia, a natureza do homem até o final, até a morte? A primeira geração dos padres fundadores não afirmará constantemente, contra a heresia, esta natureza humana do Cristo: "... ele sentiu fome, para que compreendêssemos que sua humanidade era verdadeira e indiscutível"?[1]

Segundo essa mesma teologia, no entanto, aquele que assumiu plenamente nossa natureza humana é o Verbo de Deus. Assumir a natureza humana não quer dizer aniquilar-se nela, mas, muito pelo contrário, *permanecer nela enquanto Verbo*. É unicamente porque esse Verbo permanece no homem-Jesus que ele é o Cristo. O problema é saber se essa presença do Verbo de Deus no Cristo é apenas

---

[1] Irénée, *Contre les Hérésies*. Paris, Éd. du Cerf, 1991, p. 631.

um artigo de fé ou se, ao contrário, *ela se revela por si mesma em sua própria verdade* – problema que deixamos provisoriamente de lado. Contentemo-nos por ora em observar como, nas palavras que Cristo, enquanto homem, dirige aos homens, usando de sua própria linguagem para lhes falar deles mesmos, vemos fender e depois decompor-se completamente esse pretenso sistema do humano que faria do cristianismo apenas uma sabedoria e até uma forma de "espiritualidade" entre outras.

Capítulo II

Decomposição do mundo humano
por efeito das palavras de Cristo

As palavras que Cristo dirige aos homens fizeram aparecer a singularidade da condição humana que elas implicam. Não pegam elas em falta a concepção que eles mais habitualmente têm de si mesmos, considerando-se como seres do mundo, e isso em duplo sentido? De um lado, como seres que aparecem neste mundo, sendo seu corpo justamente o modo como se mostram nele, aos outros e a si mesmos ao mesmo tempo. Mas é por seu corpo também que eles se relacionam com as coisas do universo, numa relação que não é de início teórica, mas prática. O que os homens pedem às coisas, com efeito, a esses múltiplos objetos qualitativamente diferenciados que os cercam, é a satisfação de suas necessidades. Assim toma forma o que chamamos de sistema do humano, que, vemos mais claramente, designa o conjunto das relações concretas que os seres travam entre si e com o mundo em vista da conservação e do desenvolvimento de sua vida. A extraordinária profundidade do cristianismo foi fazer-nos compreender que o mundo não é senão a aparência exterior dessa dupla rede de relações cuja realidade se funda no invisível de nossa vida – muito precisamente em nossa carne, de que o corpo não é senão o aspecto exterior e visível.

Mas vimos igualmente, ainda que de modo alusivo, que o pensamento filosófico é capaz de se elevar a essas intuições que introduzem uma nova concepção do homem. A esta está ligada uma sabedoria que deriva ainda do humanismo. No próprio ensinamento de Cristo, proposições como "a cada dia basta seu mal", "nenhum homem pode servir a dois senhores", "todo reino dividido contra si acaba em ruína", etc., não são semelhantes a muitas sentenças que nos vêm dos antigos? Mais ainda, um mandamento como este: "Tudo aquilo, portanto, que quereis que os homens vos façam, fazei-o vós a eles" (Mateus 7,12), não deriva ainda de uma ética humana no sentido de que é o homem que fornece a esta seu princípio e seu fim? Pois é o que eu quereria, eu, um homem – o que eu quereria que os outros fizessem por mim – que deve definir o princípio de meu comportamento com relação a eles, tornar-se, diria Kant, a máxima de minha ação. Tudo se resumiria ao que se identifica com o homem ou dele procede, aquele que quer, o que ele quer, o que ele deve fazer aos outros e que é definido a partir deles. Sistema do humanismo, sabedoria humana. E não se poderia dizer o mesmo desta outra sentença, mais conhecida: "Não julgueis para não serdes julgados" (Mateus 7,1)? Nesse caso, igualmente, é o que pode me acontecer – ser julgado – que decide o princípio de minha conduta: não julgar.

Outras palavras assumem, porém, um tom de todo diverso. "Se vós que sois maus (...)", lê-se em Mateus (7,11). É ainda aos homens que Cristo se dirige aqui; mais ainda: a todos eles. O julgamento categórico e feito do alto sobre eles por aquele que lhes deu o conselho de não julgar não concerne a uma categoria de indivíduos particulares, culpados de ações repreensíveis. A natureza humana é globalmente desqualificada. O que tínhamos tomado precipitadamente por um sistema cuja coerência se fundava numa natureza comum se desarticula irrevogavelmente, fazendo surgir inquietantes interrogações. Preceitos, conselhos, indicações ou mandamentos dados aos homens no intuito de instaurar a harmonia em sua relação com o mundo e a paz entre eles não devem, em primeiro lugar, convir precisamente à sua natureza, ter domínio sobre ela, a fim de permitir sua livre expressão e até sua modificação ou sua melhoria progressiva? O próprio de toda sabedoria não é o recurso à observação e à experiência em que se torna possível a leitura dos constituintes da condição humana, das virtualidades que ela encerra e que a ética se dá por tarefa cumprir? "Torna-te quem tu és." Mas como tal devir poderia valer-se de um valor qualquer se o fim que se lhe designa é ele mesmo desprovido de valor? Como o humanismo pretenderia estabelecer uma sabedoria se aquilo a que ela deve convir é uma realidade pervertida? Como fundar uma ética sobre o que é mau em si? Assim se abre uma fratura que vai aumentar até tornar-se imensa entre o que diz Cristo e o que espontaneamente pensamos de nós mesmos em nossa existência cotidiana e no cumprimento de nossas tarefas.

Desde que nos abstenhamos de isolá-las arbitrariamente de seu contexto, as palavras de Cristo, longe de se propor a nós sob a forma de uma sabedoria – e, mais ainda, de uma sabedoria humana –, constituem antes a crítica impiedosa dela. Supondo que se possa considerá-las uma ética, elas visam não à melhoria progressiva de uma natureza que seria a do homem à maneira de tudo o que chamamos em geral de natureza: a do universo, a natureza exterior – esse "exterior" no qual Cristo declarou que o mal nunca se encontra. Uma vez que a natureza do homem está marcada por um mal que se encontra em seu coração, não é sua melhoria, mas sua transformação completa, o que é exigido. Transformação tão radical que significa propriamente uma mudança de natureza, uma espécie de transubstanciação. A nova natureza que deve substituir a primeira não pode resultar senão de uma nova geração. Ou antes, de uma regeneração – no sentido de um novo nascimento.

É, pois, indispensável reconhecer a importância de tal ruptura com o conjunto das leis que regulam ordinariamente o comportamento dos homens, bem como a violência com que é afirmada por Cristo. As modalidades afetivas e práticas segundo as quais se estabelecem as relações entre os membros de uma mesma família são tão espontâneas que são chamadas de "naturais", o que significa, nesse caso, conformes à natureza humana e, por conseguinte, à natureza do casal humano e da família que ele gera. Relações humanas, pois, e humanas por excelência, porque parecem ditadas pela vida e por suas necessidades profundas. Respondendo a elas, fundam um equilíbrio e formam o elemento estável sobre o qual repousa toda comunidade. Como esse equilíbrio é originalmente afetivo, ele é vivido como tal, como um bem-estar e uma paz que a sabedoria que pretende propiciá-los não faz senão reconhecer depois. Tal é a última razão pela qual essa sabedoria é denominada humanismo: não faz senão seguir disposições inscritas no que, sob o título de "natureza humana", designa tão somente a de nossa vida.

É propriamente a explosão dessas relações naturais e vivas o que estas declarações quase inconcebíveis preconizam: "Não penseis que vim trazer paz à terra. Não vim trazer paz, mas espada. Com efeito, vim contrapor o homem ao seu pai, a filha à sua mãe e a nora à sua sogra. Em suma: os inimigos do homem serão seus próprios familiares" (Mateus 10,34-36). Delas fazem eco estes versículos de Lucas (12,51-53): "Pensais que vim para estabelecer a paz sobre a terra? Não, eu vos digo, mas a divisão. Pois doravante, numa casa com cinco pessoas, estarão divididas três contra duas e duas contra três; ficarão divididos: pai contra filho e filho contra pai, mãe contra filha e filha contra mãe (...)".

Tais declarações, que anunciam a dissolução dos laços que desde sempre uniram os viventes para substituí-los pela discórdia e pelo enfrentamento, estão longe de ser isoladas ou de concernir unicamente à família. Em sua totalidade, a organização social é a partir de então não só deslocada, mas propriamente arruinada. Segundo a estranha parábola dos operários da vinha, os que foram contratados no final da tarde e não trabalharam mais que uma hora recebem, no entanto, o mesmo salário que os que, contratados no alvorecer, suportaram o peso do dia e do calor. É assim que, segundo a famosa proposição, "os últimos serão primeiros, e os primeiros serão últimos" (Mateus 20,16).

Essa inversão de situação que afeta a existência social e econômica acarreta inevitavelmente a de toda justiça. Desenvolvendo-se à maneira de um fogo que tudo devora, a subversão atinge sucessivamente os diferentes níveis da experiência para golpear finalmente a condição humana em sua própria essência. Após a inversão drástica de todas as hierarquias – "o maior dentre vós torne-se como o mais jovem, e o que governa como aquele que serve", "todo o que se exalta será humilhado, e quem se humilha será exaltado" (Lucas, respectivamente: 22,26;18,14) –, é precisamente o fundamento de nossa condição em sua realidade mais íntima, ali onde se constrói e se experimenta nossa própria vida, que cai presa de uma espécie de cataclismo tão inesperado que, por ora, nos é tão impossível de qualificar quanto de compreender: "Aquele que quiser salvar a sua vida a perderá, mas o que perder sua vida por causa de mim a encontrará".

Ora, essa situação desconcertante, em que tudo é posto de cabeça para baixo, não se exprime somente em proposições dispersas, não organizadas, mas dá lugar a desenvolvimentos sistemáticos. Paradoxos que desafiam o bom senso são dispostos lado a lado de tal modo que, apesar de nenhum deles estar de acordo com nosso pensamento, uma afinidade misteriosa parece, todavia, uni-los. É diante de verdadeiros discursos que se encontra o leitor das Bem-aventuranças, seja na versão de Mateus, seja na de Lucas. Tudo se passa como se, por trás desse tecido de proposições inverossímeis, outra Razão estivesse em ação, outro Logos que, para ir de encontro a tudo que os homens dizem ou pensam de si mesmos, os atinge, porém, no coração de seu ser. Como se essa Palavra, longe de ser estranha a nossa verdadeira realidade, lhe fosse não só ligada segundo uma conveniência que ainda nos escapa, mas consubstancial. Existiria então uma chave para compreender o ensinamento enigmático de Cristo. Essa chave não procederia de nenhum saber esotérico, de mitologias arcaicas ou de cosmogonias absurdas, mas estaria oculta em nós. Só ela seria capaz de nos introduzir na inteligência de nós mesmos.

Para se apropriar dessa chave, convém antes de tudo reconhecer que o lugar circunscrito pelos paradoxos das Bem-aventuranças *não é senão a condição humana*. São, pois, exatamente as palavras de Cristo dirigidas aos homens *a respeito deles mesmos* que estão em questão. Só a análise dessas palavras pode fornecer-nos o princípio de inteligibilidade que buscamos.

Não convém, então, perguntar-nos por que essas palavras, que se apresentam a nós como paradoxos incompreensíveis, para não dizer próximos do absurdo, não são, porém, entendidas como jogos do espírito à maneira de certos sofismas caros ao pensamento antigo, mas imediatamente sentidos e vividos por nós em sua grandeza e em sua trágica verdade? Sim, porque, como fomos levados a reconhecer tantas vezes, essas palavras se chocam com a concepção que fazemos espontaneamente de nós mesmos e, ao mesmo tempo, despertam em nós a consciência aguda da fragilidade dessa concepção. Quando nos tomávamos espontaneamente por seres do mundo, e nossos atos davam a prova do que são e do que nós somos neste mundo, a extraordinária crítica à hipocrisia veio desconsiderar, aos nossos próprios olhos, o universo das aparências exteriores, fazendo-nos compreender que a realidade e a verdade de nossas ações não se contêm nele – muito menos as de nossa carne e de nossa vida. Elas estão contidas em nós, nesta carne, nesta vida.

Esse deslocamento da realidade do domínio do visível para o do invisível esclarece certo número de paradoxos com que já deparamos. A desqualificação do mundo em que os homens depositam confiança, sua redução a uma aparência e, mais ainda, a uma aparência mentirosa, explicam por que se torna possível dizer: aquele que reza não reza, aquele que jejua não jejua, aquele que dá esmola é totalmente indiferente tanto ao pobre quanto ao dom vazio que lhe faz. É a totalidade das atividades humanas e das relações que repousam nelas que, esvaziando-se de sua substância, oscila na irrisão.

Como assinalamos, porém, o pensamento filosófico é capaz de se elevar contra a tentação do senso comum de situar toda a realidade no mundo visível. Com o *cogito* de Descartes, por exemplo, com o "eu transcendental" de Kant ou de Husserl, ou ainda com a alma da tradição, é efetivamente ao domínio do invisível que essa realidade é confiada. Dir-se-á que também essas concepções filosóficas obedecem a uma inspiração de origem cristã. Não importa: com o desenvolvimento da filosofia, é o próprio homem, num esforço de pensamento que lhe é próprio, que consegue se livrar das ilusões do objetivismo ingênuo ou do materialismo, para se compreender em sua verdade.

Quem perscruta com mais atenção as palavras de Cristo percebe que os paradoxos não resultam apenas da oposição entre o visível e o invisível, nem da pertença ao invisível de nossa verdadeira vida. *É no interior desta, entre modalidades vividas por ela, entre seus próprios sentimentos, que se elevam as relações desconcertantes proclamadas por Cristo nas Bem-aventuranças:* "Felizes os aflitos (...), os que têm fome e sede (...). Felizes os que são perseguidos por causa da justiça (...) quando vos injuriarem e vos perseguirem e, mentindo, disserem todo o mal contra vós (...)" (Mateus 5,5-6.10-11). São as mesmas afirmações desconcertantes que se encontram na versão de Lucas: "Felizes vós, os pobres, (...) vós, que agora tendes fome, (...) vós, que agora chorais (...). Felizes sereis quando os homens vos odiarem, quando vos rejeitarem, insultarem, e proscreverem vosso nome como infame (...). Alegrai-vos naquele dia e exultai (...)" (6,20-23). A essas bem-aventuranças estão vinculadas, na versão de Lucas, quatro imprecações: "Mas ai de vós, ricos, (...) vós, que agora estais saciados, (...) vós, que agora rides (...). Ai de vós, quando todos vos bendisserem, (...)" (24-26).

Essa subversão geral de todos os nossos sentimentos é identicamente a da lógica que lhe é inerente. Como, com efeito, a felicidade poderia ser idêntica à sensação penosa da fome ou da sede, aos sofrimentos das perseguições padecidas, às vexações da calúnia; ou ainda ao incômodo da pobreza, às lágrimas, ao ódio, aos ultrajes, às humilhações que o desprezo dos outros suscita em nós?

Mas esse transtorno da lógica interna de todos os nossos afetos implica, por sua vez, o do conjunto das relações que os homens travam espontaneamente entre si. Ora, essa inversão é explícita. Em Lucas (6,27-30): "Amai os vossos inimigos, fazei o bem aos que vos odeiam, bendizei os que vos amaldiçoam, orai por aqueles que vos difamam.

A quem te ferir numa face oferece a outra; a quem te arrebatar o manto não recuses a túnica. Dá a quem te pedir e não reclames de quem tomar o que é teu".

O transtorno interno dos afetos e das relações afetivas não é formulado por Cristo apenas nessa apresentação abrupta que lhe confere, a despeito do paradoxo, uma espécie de fascinação; também suas consequências são expostas com toda a clareza: as relações humanas habituais e naturais não são somente invertidas, mas são desqualificadas, julgadas, condenadas. E eis a condenação:

> Se amais os que vos amam, que graça alcançais? Pois até mesmo os pecadores amam aqueles que os amam. E, se fazeis o bem aos que vo-lo fazem, que graça alcançais? Até mesmo os pecadores agem assim! E, se emprestais àqueles de quem esperais receber, que graça alcançais? Até mesmo os pecadores emprestam aos pecadores para receberem o equivalente. Muito pelo contrário, amai vossos inimigos, fazei o bem e emprestai sem esperar coisa alguma em troca (Lucas 6,32-35).

Nesse último pedaço de frase, que pode passar despercebido, descobre-se um traço essencial das relações humanas sobre o qual ainda não refletimos e que vai constituir – eis o paradoxo – o motivo de sua condenação por Cristo: *a reciprocidade*. É, porém, essa reciprocidade que mais amiúde funda tais relações, ao mesmo tempo que as justifica e assegura sua solidez. No plano mais trivial, não se observa que serviços recíprocos, entre vizinhos, por exemplo, ou no trabalho, suscitam laços de simpatia ou de amizade? Quanto mais cresce o papel da reciprocidade, mais as relações adquirem caráter durável, afetivo, que as torna naturais, benéficas, especificamente "humanas". Não é natural, humano, que amemos os que nos amam? Os homens não amam sua esposa, e as esposas seu marido, as mães seus filhos, os filhos seus pais? Mesmo que o laço, estendendo-se a uma comunidade mais vasta, perca sua intensidade, assumindo a forma de simples benevolência, de solidariedade, de colaboração, é ainda a reciprocidade o que assegura a coerência do grupo que molda. Afetividade e reciprocidade vão de par, a ponto de a ausência da segunda afetar grandemente a primeira. Um amor que ame sem retribuição gera infelicidade.

Porque as relações sociais *são* relações entre indivíduos, encontrando, como estes últimos, sua substância na vida (e não relações "objetivas" que recebam sua realidade da luz do mundo), elas sempre manifestam em si essa reciprocidade sem a qual não seriam possíveis. Já fizemos alusão à economia. Ora, o fenômeno que está na origem da economia é a troca, cujo conceito não pode ser formado independentemente do da reciprocidade, porque na troca cada um espera e recebe do outro o equivalente ao que lhe dá. Na troca repousa toda a economia mercantil, de que o capitalismo é apenas um modo. Todos esses fenômenos econômicos – e até, mais geralmente, todos os fenômenos sociais – suscitam por sua vez uma rede de leis que parecem reger seu funcionamento, quando não são mais que sua expressão ideal. No contrato que acompanha toda forma de troca, a reciprocidade se exibe sob sua forma mais pura.

É verdade que, como tudo o que é entregue à objetividade, a reciprocidade pode tornar-se presa da hipocrisia e da mentira, uma simples ilusão. Mas, no plano econômico, por exemplo, a reciprocidade da troca entre o trabalho e o salário considerado como o equivalente daquele em dinheiro, pode não ser mais que uma mistificação, dando lugar à "exploração" do trabalhador, ao passo que a experiência vivida de serviços recíprocos, de sentimentos, de dons recíprocos como num casal, dificilmente se presta a esse gênero de manipulação. Porque encontramos a realidade da vida que se experimenta imediatamente tal como ela é, o domínio do invisível, onde o sofrimento é o sofrimento e onde a alegria é a alegria, já não deixa lugar para a mentira. Nele, as relações humanas se manifestam novamente como relações reais, seguras de si mesmas, encontrando em si seu impulso. Sabe-se que se recebe tanto quanto se dá, e que se dá tanto quanto se recebe. Na experiência vivida dessa reciprocidade, o amor se exalta. Entregue à vida e à sua certeza invencível, a reciprocidade adquire toda a sua força. É quando a reciprocidade é assim entregue à vida e à sua certeza que se torna natural amar aqueles que nos amam. Afetividade e reciprocidade vão novamente de par, comunicam sua força às comunidades que elas sustentam e que constituem o arcabouço de toda sociedade.

Estamos agora, portanto, em condições de perceber a significação oculta da reciprocidade. Como ela sempre se estabelece entre seres humanos, é a estes que ela remete. É essa reciprocidade entre os homens que explica o que eles fazem e o que eles são. *O que fazem os homens, bem como o que eles são, explica-se assim a partir deles mesmos.* É desse modo que há um sistema do humano, porque o homem se situa dos dois lados da relação que o liga a ele próprio e de que ele é o fundamento. Todas as relações que se travam entre os homens encontram, pois, sua origem neles – em sua natureza, e é exatamente assim. E, aliás, como poderia ser de outro modo?

Por conseguinte, a inversão dessas relações – mesmo quando, extraindo sua força de uma reciprocidade verdadeira, elas aparecem como "humanas", "naturais", benéficas ou emocionantes, tal como acontece entre maridos e esposas, pais e filhos, etc. – torna-se propriamente incompreensível, e o motivo de sua condenação, mais enigmático ainda. Em nome de que ou de quem tais relações poderiam ser rompidas ou denunciadas? Não é a própria condição humana, de que procedem essas relações e cujo tecido elas formam, que deveria ser posta em questão, transtornada? É precisamente esse transtorno o que a palavra de Cristo opera quando, dirigindo-se aos homens, lhes fala deles mesmos.

Capítulo III

O transtorno da condição humana
pela palavra de Cristo

Se considerarmos novamente, com mais atenção ainda, as palavras de Cristo sobre as quais acabamos de refletir, especialmente as que formulam os paradoxos, uma primeira impressão se confirma. Essas declarações, que vão de encontro à ideia que fazemos de nós mesmos, não resultam da simples oposição, por mais importante que ela seja, entre o visível e o invisível. Nem mesmo da simples afirmação segundo a qual é no invisível que reside nossa realidade verdadeira – razão pela qual esta é designada como o "segredo". No próprio interior do invisível, onde temos nossa morada, as palavras de Cristo traçam uma nova linha de separação que isola em nossa vida até sua dimensão mais profunda. Só a revelação por Cristo desse estrato oculto e duplamente despercebido por nós de nossa vida vem abalar nossa condição de homem, a ponto de ela cessar precisamente de ser humana, no sentido próprio do termo. Essa nova qualificação de nossa vida, que a subverteu totalmente, decorre de que "Deus vê no segredo". Assim, esse segredo que fazia de cada um de nós um ser subtraído ao olhar dos outros, à luz e à "glória" do mundo, um eu protegido por uma espécie de incógnito metafísico e por ele tornado independente, o que certa ética clássica tinha compreendido como uma consciência inviolável, não é nada disso, em verdade. Ou melhor: só é isso – um mistério preservado, uma "consciência inviolável" – precisamente em sua relação com os outros e na medida em que, subtraído tanto a seu olhar quanto à luz do mundo, se dissimula no invisível. Mas no invisível esse segredo, esse eu misterioso e impenetrável, é atravessado por outro olhar que o traspassa no coração, ali onde precisamente está o segredo. E esse olhar não é nada mais, nada menos, que o de Deus.

A partir de então, o sentido da crítica à hipocrisia se modifica totalmente. Segundo nossa primeira aproximação, a possibilidade da hipocrisia resultava do fato de, em sua realidade viva, cada "eu" escapar ao olhar do mundo, não apenas em seus pensamentos, mas igualmente em seus atos. Em sua efetuação, estes são invisíveis, e só sua aparência exterior, sob a forma de um deslocamento corporal objetivo, se dá em espetáculo, de modo que é possível fingir o jejum ou a oração sem rezar ou jejuar realmente. No entanto, e é o que diz o texto de Mateus restabelecido em sua integridade, Deus vê no segredo e, ao mesmo tempo, vê nossa ação em sua realidade. "Tu, porém, quando deres esmola, não saiba tua mão esquerda o que faz tua direita, para que tua esmola fique em segredo; e o teu Pai, que vê no segredo (...)" E ainda: "Tu, porém, quando orares, entra no teu quarto e, fechando tua porta, ora a teu Pai que está lá, no segredo; e teu Pai, que vê no segredo (...)" (6,3-4.6).

A condição humana já não se deixa, pois, definir pela simples oposição entre o invisível e o visível compreendida como uma oposição entre o eu e o mundo e identificado com este. No próprio seio do invisível, acaba-se de cavar um abismo, uma nova relação está posta. O eu não se reporta somente ao mundo e aos outros, não se reporta somente a si mesmo no segredo de seus pensamentos e de seus atos. Esse segredo é submetido ao olhar de um Deus. Desse modo, por esse olhar que o revela a si mesmo ao mesmo tempo que o revela a Deus, o homem está ligado a Ele nessa relação interior que define, agora, sua realidade. *É assim que a condição humana se encontra transtornada no momento em que ela já não recebe seu ser da luz do mundo na qual os homens e as mulheres se olham, lutando por seu prestígio, mas de sua relação interior com Deus e da revelação em que consiste essa relação nova e fundamental.*

De que natureza é essa relação, em que se cumpre a revelação conjunta do segredo do homem a Deus e a ele próprio, é o que as palavras de Cristo relatadas nos Evangelhos nos permitirão apreender pouco a pouco. Limitemo-nos por ora a perceber como a nova definição da condição humana esclarece os paradoxos mais desconcertantes, dando um sentido decisivo ao que parecia não ter sentido algum. Trata-se da inversão, ou antes, da ruptura dos laços vivos e espontâneos que unem os membros de uma mesma família. Lembremo-nos dos textos de Mateus e Lucas: "Com efeito, vim contrapor o homem ao seu pai, a filha à sua mãe (...)"; "Pensais que vim para estabelecer a paz sobre a terra? Não, eu vos digo, mas a divisão. Pois doravante, numa casa com cinco pessoas, estarão divididas três contra duas e duas contra três (...)" (respectivamente, 10,34; 12,51-53). E estão aí, como já vimos, tantas consequências de uma crítica geral à lei da reciprocidade dos sentimentos nas relações humanas. Reciprocidade que quer, por exemplo, que amemos os que nos amam ou que tenhamos hostilidade, senão ódio, por aqueles que nos odeiam. Daí a prescrição contrária formulada por Cristo, difícil de compreender, certamente, mas mais difícil ainda de observar: "Amai vossos inimigos (...)".

A partir de agora, estamos em condições de compreender o que visa a contestação radical da reciprocidade. É porque, nas relações humanas, ela não faz intervir nada além dos termos dessa relação – a saber, os homens – que a reciprocidade é posta de lado com tanta veemência. Fundada na reciprocidade e explicada por ela, a relação humana aparece como autônoma, autossuficiente. Ela existe por si mesma, isto é, pelos homens entre os quais ela se instaura. E se explica igualmente por si só, pela natureza dos homens – pela natureza humana. Repousando na reciprocidade que põe, de modo geral, homens, mulheres, filhos, pais no princípio dessa relação, a pretensa autonomia da relação humana omite nada menos que a relação interna do homem com Deus – uma relação desdobrada no segredo e que fundamenta, como veremos, tanto a existência do homem quanto sua inteligibilidade. É a verdade da condição humana – e, por conseguinte, a do conjunto de laços que os seres humanos são suscetíveis de estabelecer entre si – que está totalmente oculta.

Como pode Cristo denunciar a reciprocidade, que forma o tecido das relações humanas mais habituais, conferindo-lhes esse caráter "natural" de onde tiram, aos olhos de todos, sua justificação, essa reciprocidade que faz que, movidos como que por uma força invencível, amemos os que nos amam? Por que, para nosso espanto, Cristo brandiu o gládio que vem cortar esses laços familiares em que a vida busca e encontra seu cumprimento e sua alegria? Como? Por uma afirmação radical da não reciprocidade. E por que essa afirmação? *Porque a não reciprocidade é o traço decisivo da nova relação fundamental que acabamos de descobrir, a relação interior e oculta do homem com Deus, ou, mais exatamente, de Deus com o homem.* É como um gládio, com efeito, em que fulgura a palavra divina: "amai vossos inimigos, fazei o bem e emprestai *sem esperar coisa alguma em troca*. Será grande a vossa recompensa, e sereis filhos do Altíssimo, pois *ele é bom para com os ingratos e com os maus*" (Lucas 6,35; destaques nossos).

É sob a iluminação da bondade que a relação de Deus com o homem é primeiramente formulada por Lucas, essa bondade que também Mateus invoca: "porque Ele faz nascer o seu sol igualmente sobre maus e bons (...)" (5,45). Pensada à luz da bondade, a palavra parece reduzir-se a uma prescrição ética, indicando, com efeito, como se comportar com relação aos outros. Já não mais segundo a espontânea lei natural da reciprocidade, que devolve o bem pelo bem, mas também o mal pelo mal, a hostilidade ou a vingança pelo insulto ou pelo dano sofrido. Devolver o bem pelo mal, segundo a nova palavra, é fazer de modo que as relações ditas naturais sejam destruídas e a lei antiga (olho por olho, dente por dente), abolida.

Sucede, porém, que a palavra diz algo mais que a inversão das relações humanas, por mais importante que estas sejam. Ela só acarreta essa inversão, semeando a divisão e a discórdia ali onde reinavam o entendimento e o amor recíproco, porque transtorna primeiramente a condição humana. A razão disso é que esta última já não se define no plano humano pelo sistema das relações recíprocas entre os humanos, mas pela relação interior de cada um com Deus. É pelo fato de a condição humana ser constituída pela relação com Deus que a relação dos homens entre si já não pode obedecer a critérios e a prescrições humanas originadas numa pretensa natureza humana que já não existe. Essa mudança de natureza, essa transubstanciação de uma natureza humana numa natureza gerada em Deus, divina em seu princípio e cujas ações já não podem decorrer, doravante, senão desse princípio e dessa origem divina, está revelada em uma passagem de extrema densidade: "(...) fazei o bem e emprestai sem esperar coisa alguma em troca (...) *e sereis filhos do Altíssimo* (...)"; "(...) orai pelos que vos perseguem; desse modo *vos tornareis filhos do vosso Pai que está nos C*éus (...)" (respectivamente, Lucas 6,35; Mateus 5,44; destaques nossos).

Dos paradoxos que prolongam os das Bem-aventuranças e concernem à inversão das relações humanas depreende-se, pois, como princípio de sua explicação, uma tese que estará no centro do cristianismo: "Vós sois filhos de Deus". Essa nova definição da condição humana – por oposição a toda e qualquer interpretação mundana ou humanista – remete, nos textos de Lucas e de Mateus, a um devir e parece subordinada ao cumprimento deste último. A condição de Filho requer uma ação de nossa parte, ação difícil porque vai de encontro a uma espontaneidade instintiva. Semelhante ação, todavia, não tira seu mérito de sua dificuldade, do obstáculo enigmático que deve superar. Ela está pré-traçada no modo como Deus se comporta com respeito a nós, Ele, que ignora a mesquinharia da reciprocidade, que é bom para os ingratos e os maus. O modo de agir de Deus com respeito a nós se propõe, então, como modelo de comportamento a ser adotado com relação a nossos semelhantes, como princípio de uma *imitatio Dei* que nos tornaria mais exigentes e melhores em nossa conduta corrente, dignos, ao final desses esforços, de ser chamados "Filhos do Altíssimo"?

Isso seria desconhecer o alcance da Palavra que nos é dirigida. A ação de Deus com respeito a nós não se limita em absoluto a servir de modelo para nossa atitude com relação aos outros. A não reciprocidade de que ela dá testemunho não poderia ser compreendida no plano humano, onde se reduziria à simples negação da reciprocidade que caracteriza as relações naturais, como se, cessando de amar os que nos amam, começássemos a ser hostis com eles. Ou como se, deixando de ser hostis com nossos inimigos, começássemos a amá-los, como por milagre. A não reciprocidade da relação interior que nos liga a Deus significa a intervenção de outra relação, diferente da que se instaura entre os homens tendo a nós por ponto de partida e encontrando neles o princípio de suas vicissitudes. *A não reciprocidade designa a geração imanente de nossa vida finita na vida infinita de Deus.* Ela só adquire sentido quando referida ao processo interno dessa vida absoluta e infinita de Deus mesmo. Pois, no processo interno dessa vida infinita, cada vivente é levado à sua própria vida, de modo que a relação entre esse vivente e a Vida que o faz viver ignora, com efeito, toda reciprocidade. A denominação de Filhos de Deus que nos é concedida ao longo de todo o Evangelho não é uma metáfora: é nossa condição real o que ela qualifica. Se nos textos que comentamos a condição de Filhos que nos é conferida resulta de um devir cujas condições são fixadas com precisão, é porque se trata para nós de encontrar uma condição original que foi desnaturada, esquecida, mas jamais abolida.

Assim se deve entender esta declaração inapelável de Cristo: "A ninguém na terra chameis 'Pai', pois só tendes o Pai celeste" (Mateus 23,9). Se nenhum homem na terra deve designar outro homem como seu pai, não porque houvesse nisso uma hesitação quanto à pessoa, mas por uma razão de direito, porque nenhum homem sobre a terra pode reivindicar esse título, é porque só há efetivamente um pai, o que está no céu e que é Deus. Todo homem é filho de Deus, e apenas d'Ele. E a razão dessa situação "radical", que concerne à raiz do homem, é a seguinte: como nenhum vivente tem o poder de se dar a vida, tampouco poderia receber essa vida de outro vivente tão desprovido quanto ele, tão incapaz quanto ele de dar a vida a si mesmo. Só uma Vida todo-poderosa, que detenha a capacidade de dar a si mesma a vida – esta Vida única e absoluta que é a de Deus –, pode comunicar seu sopro a todos que faz viver e que são, por isso mesmo, num sentido verdadeiro e mesmo absoluto, seus "filhos".

Sucede, porém, que, se nenhum homem na terra tem outro homem por pai, ele, por sua vez, não é o pai de nenhum outro: não poderia ser chamado, propriamente falando, nem de pai nem de filho. Doravante, todos os laços terrestres – e, antes de tudo, todos os laços familiares – se encontram de certo modo vazios de sua substância, privados da eficácia que comumente lhes atribuímos. É então que a cada vivente se apresenta, de modo inopinado, a questão extraordinária da realidade ou da validade do conjunto de seus laços – a questão de saber quem é seu pai, mas também quem é sua mãe, quem é seu irmão, sua irmã, eventualmente seu filho ou sua filha. Questão extraordinária porque, doravante, fica sem resposta possível. E é exatamente essa questão surpreendente que Cristo apresenta, no momento em que anunciam que sua mãe e seus irmãos estão ali e pedem para vê-lo:

> Havia uma multidão sentada em torno dele. Disseram-lhe: "Eis que tua mãe, teus irmãos e tuas irmãs estão lá fora e te procuram". Ele perguntou: "Quem é minha mãe e meus irmãos?" E, repassando com o olhar os que estavam sentados ao seu redor, disse: "Eis a minha mãe e os meus irmãos. Quem fizer a vontade de Deus, esse é meu irmão, irmã e mãe" (Marcos 3,32-35; Mateus 12,48-50; Lucas 8,19-21).

Ora, essa dissolução dos laços familiares, à primeira vista tão chocante, torna possível a divisão entre os membros de uma família, o que Cristo, numa passagem já citada afirmava ser sua missão. "Não vim trazer paz, mas espada. Com efeito, vim contrapor o homem ao seu pai, a filha à sua mãe (...)." Divisão dificilmente aceitável, ou melhor, incompreensível – era um dos múltiplos paradoxos –, mas que se torna concebível uma vez que a realidade desses laços familiares foi contestada, ou melhor, negada. E ela é efetivamente negada de maneira radical, quando a genealogia natural dos homens é pura e simplesmente desqualificada em prol da genealogia divina, a única que faz de cada um deles o Filho de Deus.

Separado daquele que aparece como seu pai, aos olhos do mundo, segundo a compreensão e as explicações desse mundo, e separado, do mesmo modo, daquela que, nesse mesmo mundo e segundo suas explicações, aparece como sua mãe – e ainda daqueles que são ou serão considerados seus irmãos, irmãs, filhos ou filhas –, o homem não parte, no entanto, à deriva, privado de toda identidade, apartado de tudo, perdido como no filme *Paisà*, de Rossellini, no qual os cadáveres dos resistentes, amarrados a tonéis, vão para o mar levados pelas águas do Pó. À ruptura brutal dos laços familiares, à decomposição geral das relações humanas, sucede, sem transição, sua recomposição segundo a ordem divina. Essa nova ordem reconhece em seu princípio apenas um Pai, de modo que todos os homens são seus filhos e a única relação real que subsiste, com exclusão de toda distinção, separação ou oposição, é a de irmãos e irmãs.

Tal é a primeira revelação essencial trazida aos homens por Cristo quando este, na linguagem que é a deles, lhes fala sobre eles mesmos: Vós sois os Filhos de Deus. Vós não tendes senão um só e mesmo Pai; vós estais ligados pelas relações que unem todos aqueles que têm um mesmo Pai e que, desse modo, são Irmãos. Tais relações não constituem, de modo algum, um ideal; elas não resultam de uma lei que deveríamos observar e não transgredir. É ainda menos permitido ver nelas apenas uma metáfora. É a realidade efetiva das relações que unem todos os seres humanos entre si que é desvelada por Cristo. Tais relações já não podem ser compreendidas a partir da imagem mundana que os homens forjam de si mesmos, segundo seu modo de ver, segundo a maneira como cada um se representa em função de sua educação, da civilização ou da cultura a que pertence. As relações de irmãos que existem entre os homens são suas relações reais, porque a realidade de cada um deles é ser Filho de Deus e porque não há nenhum homem concebível que não o seja, que não seja Filho desse Deus único que é o Pai de todos.

Como não observar, então, que a não reciprocidade entre a vida absoluta de Deus e a vida de cada um dos viventes a que ela dá a vida – de que ela é a vida – cria entre os viventes uma nova reciprocidade? Esta já não resulta do fato de os homens entre os quais ela se estabelece terem uma mesma natureza, uma natureza humana. Ela resulta da relação interior de cada vivente com a Vida em que ele vive; e, desse modo, da relação interior que ele tem, nesta Vida, com cada um dos outros viventes que adquirem sua própria vida nessa mesma Vida – que é a dele e que é a deles, que é a vida de todos. Essa relação interior de todos os viventes entre si na mesma Vida em que cada um vive e que vive nele não é outra senão a nova reciprocidade fundada por Cristo, a que faz de cada homem e de cada mulher um irmão e uma irmã para seu irmão e para sua irmã.

Convém, todavia, realçar que a nova reciprocidade fundada por Cristo não tem nada que ver com a reciprocidade em ação nas relações ditas naturais. Porque estas últimas se estabeleciam entre seres humanos que se compreendiam como tais e, assim, o sistema de relações que elas sustentavam podia ser considerado um sistema do humano. Ora, esse sistema está longe de se prestar à descrição idílica que habitualmente se faz dele e que não vale nem sequer para o grupo restrito e privilegiado da família. Limitada a sua referência humana, a reciprocidade não é frequentemente a da hostilidade sob todas as suas formas: competição, rivalidade, antagonismo de ambições e de interesses, fingimento, intriga, mentira, ressentimento, ódio, violência, agressão – guerra, enfim? Quando essas condições conflitivas se esgotam, não cedem lugar à indiferença? Indiferença em que também a paixão se transforma. Se, com efeito, essas relações humanas não são comandadas por relações objetivas – financeiras, econômicas ou outras – mas, ao contrário, "vêm do coração", é para melhor ficar sob julgamento de Cristo, segundo o qual "é do coração que saem as intenções malignas". Mas eis que esse julgamento atinge igualmente o amor, na medida em que, regido pela lei humana da reciprocidade, ele se limita a nos fazer amar aqueles que nos amam.

Que "os pagãos também o façam", segundo a declaração reiterada de Cristo, leva a condenação a seu ponto extremo, ao mesmo tempo que se esclarece sua motivação. Pois os pagãos ignoram a Deus. Na ausência de Deus, o amor, tornado tributário do amor do outro, assim como o amor do outro é tributário do meu, aleatório a mesmo título que a reciprocidade a que ele devia sua existência fugaz – o amor propriamente se dissolve. Com efeito, o amor não é senão o nome da vida, e o é tanto de nosso próprio amor como de nossa própria vida. Assim como esta não pode estar fundada sobre a vida do outro, assim também a vida do outro não poderia estar fundada na minha, nem meu amor poderia repousar no dele se o dele não repousasse no meu. O fundamento de todo amor, o fundamento da vida se oculta quando o demandamos sucessivamente a realidades, ainda que simétricas, que não se bastam a si mesmas, que não trazem esse fundamento em si. A reciprocidade é aqui a marca do nada. Esse absurdo da relação humana reduzida a si mesma, esse absurdo que não é senão a negação de Deus e que constitui a blasfêmia, provoca a cólera de Deus. Os paradoxos das Bem-aventuranças são o equivalente da declaração apaixonada: *Abba,* Pai!

É essa a razão pela qual o que surge do paradoxo e de sua afirmação é o Reino de Deus. "Felizes vós, os pobres, porque vosso é o Reino de Deus" (Lucas 6,20). "Felizes os que são perseguidos (...) porque deles é o Reino dos Céus (Mateus 5,10). "Felizes sereis quando os homens vos odiarem, quando vos rejeitarem, insultarem e proscreverem vosso nome (...) porque no céu será grande a vossa recompensa" (Lucas 6,22-23). "Felizes sois, quando vos injuriarem e vos perseguirem e, mentindo, disserem todo o mal contra vós (...). Alegrai-vos e regozijai-vos, porque será grande a vossa recompensa nos céus (...)" (Mateus 5,11-12). A relação entre o paradoxo e o Reino é constante, e subsiste quando este não é designado explicitamente mas significado por meio de uma de suas propriedades. Propriedades que, por não serem as que a teologia atribui tradicionalmente a Deus, nos falam, todavia, de seu Reino de modo infinitamente mais sugestivo.

"Saciedade", "riso", "consolação", "misericórdia", "visão de Deus", "júbilo", "alegria", eis o que o Reino dá e que vem satisfazer o imenso Desejo do homem, realizar sua relação interior com Deus.

Ora, essa relação interior que faz do homem Filho de Deus não transtorna apenas o conjunto das relações que os seres têm entre si. No plano da vida de cada um, ela faz surgir novos paradoxos explicitamente formulados nas Bem-aventuranças e aos quais não prestamos suficiente atenção. Segundo a definição que propusemos, a vida é o que se experimenta a si mesmo, imediatamente e sem distância. Ela se revela a si mesma, isto é, ela se revela a si ou, como ainda se pode dizer em termos filosóficos, ela é uma autorrevelação. Essa propriedade essencial da vida se encontra em cada uma de suas modalidades. O próprio de um sofrimento, por exemplo, é experimentar-se a si mesmo. Se perguntarmos o que nosso sofrimento nos faz conhecer, é preciso responder ainda: é a ele mesmo que ele nos faz conhecer. Pois é em sua própria afetividade, é em sua carne impressional que o sofrimento se revela a nós. E assim é também com respeito a cada uma de nossas alegrias, de nossas penas, de nossos desejos ou de nossos tédios, de nossas angústias ou de nossas esperanças. Essa certeza invencível, própria de cada uma das impressões que experimentamos, desde que nos atenhamos ao que experimentamos realmente – o fato, por exemplo, de ser impossível duvidar de nossa dor ou de nosso prazer durante todo o tempo em que realmente os experimentamos –, aí está o que constitui o caráter mais paradoxal de todos os paradoxos das Bem-aventuranças. Tão paradoxal, com efeito, que nos impressionou desde a primeira aproximação a esses textos fora do comum. Pois, enfim, perguntávamo-nos, como se pode ser bem-aventurado quando se tem fome – ou quando se chora, ou sob insultos e perseguições? Ou, ainda, como o sofrimento que nos faz chorar pode ser, em si mesmo, o prazer que se experimenta rindo? É possível referir aqui a nossa relação com Deus? Seria ela, enquanto interior a cada um de nossos sofrimentos, a cada ofensa recebida, o que lhe mudaria a natureza de modo incompreensível, operando uma espécie de transformação mágica do sofrimento em alegria, por exemplo?

Não estamos em condições de responder a essas interrogações por ora. Sem dúvida seria preciso saber mais sobre nossa relação com Deus, examinar muitas outras palavras de Cristo que no-la expliquem. Antes de dar continuidade a esse exame, voltemos a uma de nossas observações preliminares. Nem todas as palavras que Cristo dirige aos homens na língua deles lhes falam deles. As mais essenciais, as mais surpreendentes lhes falam daquele que lhes fala: Cristo. Ora, nossa relação com Deus, que transtorna as relações humanas e antes de tudo nossa condição de homem – essa relação de que tudo depende –, depende ela mesma do que Cristo diz de si e de sua própria condição. São essas palavras de Cristo sobre si mesmo que convém agora analisar.

Capítulo IV

Palavras de Cristo que se dirigem aos homens na linguagem deles e que já não lhes falam deles, mas de si mesmo. Afirmação de sua condição divina

As poucas palavras de Cristo em que concentramos nossa atenção até o momento foram suficientes para produzir o que foi preciso chamar de transtorno das relações que os homens mantêm entre si, bem como da própria condição humana. O motivo dessa subversão generalizada veio de um questionamento da reciprocidade em ação nessas relações. Mas a própria reciprocidade só era denunciada em função de uma razão mais profunda. Estabelecendo-se entre termos – homens, mulheres, pais, mães, filhos, filhas, etc. – que são, todos, seres humanos, a reciprocidade fazia deles os verdadeiros suportes dessa rede intersubjetiva que compõe o "mundo humano". Desse modo, era o homem com sua natureza própria, era a natureza humana que estava posta no fundamento desse mundo. Em tal representação das coisas, a condição humana aparece como autônoma, bastando-se a si mesma, desenvolvendo um mundo ou uma "sociedade" que é expressão dessa autossuficiência e autonomia.

A afirmação apaixonada da não reciprocidade que caracteriza a relação do homem com Deus – bom para os ingratos e os maus – acompanha-se da afirmação incondicional dessa relação. Longe de ser autônoma, por conseguinte, a condição humana consiste nessa relação interior com Deus, só existe nela, só se explica por ela. É o que a não reciprocidade significa: *a imanência da Vida absoluta em cada vivente*. Essa única vida que tem o poder de se dar a si mesma a vida e, por conseguinte, de dá-la a todos os viventes. Esta vida todo-poderosa que Cristo chama de Pai. Eis por que ele diz aos homens: "só tendes o Pai celeste", o que está nos céus. "Nos céus" evidentemente não quer dizer: nos espaços interestrelares, no universo astrofísico explorado pelos cosmonautas que, olhando pelas janelas de sua nave, não viram a Deus. "Nos céus" significa: na vida invisível em que vivem todos os viventes, em que eles próprios são invisíveis, tal como essa mesma vida. Essa é a nova definição do homem e de sua condição verdadeira, a de um vivente engendrado na vida invisível e absoluta de Deus, vida que permanece nele por tanto tempo quanto viva, fora da qual nenhum vivente se sustenta. Eis por que se diz: "Filho de Deus", desta Vida absoluta que lhe concede sem cessar o dom de viver.

É em virtude dessa nova definição da condição humana – porque, Filhos de Deus, os homens têm um só Pai – que todas as relações humanas, familiares, profissionais, sociais, etc., se acham, por sua vez, subvertidas em benefício de relações também inteiramente novas. Já não são relações entre seres autônomos, livres para seguir o curso natural de seus impulsos – de amor com respeito aos que os amam, de hostilidade com respeito aos que lhes são hostis. Trata-se de relações entre seres predestinados pela relação interior que cada um deles mantém com Deus. Por isso mesmo cada um, predestinado em si por essa relação, se reporta a outro que é predestinado desse mesmo modo. Tal é, como vimos, a nova reciprocidade das relações entre os que, filhos e filhas do mesmo Pai, são originariamente e em si mesmos irmãos e irmãs, quaisquer que sejam as pulsões de atração ou de repulsão que continuam a reger sub-repticiamente a antiga Lei.

O que a Palavra de Cristo realiza aqui, com essa nova definição da condição humana e, por conseguinte, das relações que ela implica, é a *substituição da genealogia natural por uma genealogia divina*. E essa substituição concerne tanto aos homens quanto Àquele que acaba de lhes ensinar mediante um ensinamento tão fundamental, que é preciso chamá-lo de revelação. Revelação do que eles são – os filhos do próprio Deus – e, assim, do que devem fazer: amarem-se uns aos outros como convém aos filhos de um mesmo Pai. De tal revelação resulta não somente o que dizíamos ser o transtorno da concepção da natureza humana, mas propriamente sua aniquilação. Não há natureza humana, assim como não há homem no sentido em que se ouve desde sempre: a saber, um homem com uma natureza própria, própria dos homens e que lhes pertence, uma "natureza humana". O homem não é senão o Filho de Deus. Sua origem está em Deus, sua natureza provém da natureza de Deus. Engendrando o homem como um vivente, dando-lhe uma vida que só existe Nele, Deus lhe deu, desse modo, a mesma natureza que é a Sua: a da vida. É assim que Deus fez o homem à sua imagem e semelhança (Gênesis 1,26).

Abramos um breve parêntese. Segundo a teologia cristã, a natureza de Cristo é dupla, divina e humana ao mesmo tempo. No que concerne à sua natureza humana, convém entendê-la não como se faz habitualmente, mas como a de um vivente gerado na Vida divina e tendo dela sua própria vida. Em outros termos, é indispensável fazer, acerca de Cristo enquanto homem, a substituição da genealogia natural pela genealogia divina – genealogia divina que Cristo acaba de revelar aos homens como constituindo sua verdadeira natureza. É aqui que a palavra de Cristo dirigida aos homens sobre eles mesmos se volta para ele, que lhes dirige essa palavra. Mas isso é apenas uma primeira indicação.

Pois eis uma exigência que não pode ser diferida. Nisso que chamamos de "discurso inaugural de Jesus",[1] Cristo acaba de fazer aos homens uma revelação extraordinária sobre eles mesmos, desvendando-lhes sua verdadeira realidade. Dessa realidade até então impensada, ele tirou consequências não menos extraordinárias, denunciando os laços humanos mais naturais e os mais caros. Ele enunciou sobre a própria vida de cada um proposições incompreensíveis, chamando bem-aventurados àqueles que são infelizes, identificando alegria e dor,

---

[1] "Index suivant l'ordre chronologique". In: M. J. Lagrange; C. Lavergne. *Synopse des Quatre Évangiles*. Paris, Librairie Lecoffre, J. Gabaldo et Cie Éd., 1999, p. 67-76.

riso e lágrimas. Ora, todas essas asserções não se apresentam como exortações, adjurações, mandamentos de ordem ética, nem, muito menos, como as sentenças ou conselhos de um sábio que visem consolar uma pobre humanidade sofredora. Sua formulação categórica, seu tom sem réplica, o caráter solene das circunstâncias que cercam o que já não é uma pregação, mas antes uma Revelação sagrada, fazem dessas palavras inauditas verdades absolutas.

Donde a inevitável questão "de ricochete", esse refluxo do olhar que se desvia daqueles a quem a Revelação é feita para Aquele que a profere: como sabe ele tudo isso? Quem é ele para deter tal saber? É assim que as palavras de Cristo que falam aos homens de sua condição de homem se voltam inevitavelmente para ele mesmo e o põem gravemente em causa, exigindo que justifique propósitos tão desconcertantes, o que ele não pode fazer senão justificando-se a si mesmo. E, quanto mais Cristo avançar na análise da condição humana para sua relação oculta com Deus, mais suas declarações se afastarão do que os homens, instruídos ou não, pensam saber de si mesmos, mais se descobrirão, imbricados em toda existência humana, os mistérios de uma vida divina, mais a questão que se volta para ele mesmo, para o que ele pretende saber ou ser, se elevará, instante, urgente, ameaçadora.

Cristo não sabe demasiado para um homem? As palavras já encontradas, para nos atermos a elas, não soam apenas como as de um iniciado ou de um profeta. Ao refletirmos, devemos perguntar se um iniciado ou um profeta, se o maior dos profetas seria capaz de formulá-las. Aquele que declara que os pobres possuem o Reino de Deus não deve saber o que é esse Reino? Ora, o Reino intervém sem cessar nas Bem-aventuranças e nas Imprecações. De forma explícita, quando se diz dos corações puros "que eles verão a Deus", dos pacíficos "que serão chamados Filhos de Deus", dos perseguidos pela justiça "que o Reino lhes pertence". De forma implícita, porém, porque, segundo uma observação do padre Lagrange, "em estilo bíblico, os verbos na passiva absoluta visam amiúde a uma ação de Deus" –² o que é o caso nas Bem-aventuranças, em que "eles serão saciados" quer dizer "eles serão saciados por Deus", "eles serão consolados", "eles serão consolados por Deus". Além da natureza do Reino, o que Cristo deve conhecer é a relação da vida humana com esse Reino, as modalidades dessa vida que conduzem a ele (pobreza, pureza, doçura, fome, fome e sede de justiça, etc.), a conexão que as une na obra de salvação que elas tornam possível.

Ora, aquele que pronuncia as Bem-aventuranças não só conhece tudo isso – a natureza do Reino, a de nossa relação com ele segundo nossos modos de viver, relação de inclusão no caso das modalidades que acabam de ser citadas, ou de exclusão no caso da riqueza, do bem-estar, da glória que o mundo dá –, *mas ele próprio intervém nessa relação*. É ele quem abre as portas do Reino para aqueles que o reconhecerem, aceitando o ódio, o insulto e a perseguição *por causa dele*:

> Felizes sereis quando os homens vos odiarem, quando vos rejeitarem, insultarem, e proscreverem vosso nome como infame, *por causa do Filho do Homem*. Alegrai-vos naquele dia e exultai, porque no céu será grande a vossa recompensa (...); Felizes sois, quando vos injuriarem e vos perseguirem e, mentindo, disserem todo o mal contra vós *por causa de mim*. Alegrai-vos e regozijai-vos, porque será grande a vossa recompensa nos céus (respectivamente, Lucas 6,22-23; Mateus 5,11-12; destaques nossos).

Se, porém, é o próprio Cristo quem abre ou fecha a porta do Reino conforme o homem o reconheça e pronuncie seu nome diante dos homens ou, tendo vergonha dele e de seu nome, o rejeite, isso não se dará exatamente porque ele próprio constitui o acesso ao Reino, porque ele é a Porta – *a relação com Deus enquanto tal?* Mas quem terá a audácia de reivindicar para si tal poder, o de conduzir a Deus? Que homem? Conduzir a Deus, abrir o caminho que dá acesso ao Reino, não é cumprir a revelação de Deus? Cumprir a revelação de Deus, quem pode fazê-lo senão o próprio Deus?

---

² Cf. *Synopse des Quatre Évangiles*, op. cit., p. 69, n. 57.

No coração das Bem-aventuranças está inscrita uma cesura decisiva. Ela dissocia no ensinamento de Cristo duas teses intimamente ligadas, igualmente essenciais e, todavia, distintas. A primeira é a modificação trazida para a compreensão do homem, fazendo dele já não um ser do mundo ou da natureza, mas o Filho de Deus. Cumpre-se assim a substituição da genealogia natural pela genealogia divina do homem. Tal é o conteúdo das palavras de Cristo que indicam aos homens a realidade e a verdade de sua condição de homens.

A segunda tese a conferir ao ensinamento de Cristo seu caráter único na história de todas as religiões está implicada na primeira como seu pressuposto. A rejeição da genealogia natural do homem conduz inevitavelmente à imensa questão da genealogia divina. Se o ser-homem – o que faz que um homem seja um homem – não se explica nunca a partir da natureza ou de elementos naturais, mas somente a partir de Deus, então não basta afirmar essa genealogia divina, mas é preciso dizer em que ela consiste. Mais do que isso: não basta dizer em que ela consiste, *seria preciso ainda poder fazê-lo, conhecer a Deus, conhecer o processo pelo qual Ele engendra em si mesmo algo tal como o homem.* Forma-se assim a questão, efetivamente abissal, com que Cristo se verá inevitavelmente confrontado.

O caráter impressionante das Bem-aventuranças não se funda nem principalmente nem apenas nas proposições que elas formulam sobre a condição humana. Por trás dessa série de paradoxos, a Palavra que as profere, mais que tudo, nos fascina: é o saber de que ela é carregada, saber desconhecido para nós e que, todavia, nos atinge no coração – é a interrogação que ela suscita. Não nos perguntamos: o que diz ele? Por que seria preciso eu parar de amar meus próximos? Por que amar meus inimigos e, se eu o quisesse, como poderia chegar a fazê-lo? Perguntamo-nos: quem fala assim? Quem é, então, aquele que o faz?

Essa questão está no centro dos Evangelhos. Dois fatos devem ser notados aqui. O primeiro é que, a despeito de seu estupor ou de seu medo, de seu furor ou de seu desassossego, os contemporâneos de Cristo, os que ouviram suas palavras, que o seguiram em suas deambulações pelos povoados ou nas sinagogas, amigos ou inimigos, discípulos ou autores das perseguições vindouras, sob formas diversas, abertamente ou insidiosamente, pelo viés de exigências hipócritas ou de verdadeiras armadilhas, todos, num momento ou noutro, lhe farão esta pergunta: Quem és tu? Que dizes de ti mesmo? Com que direito dizes ou fazes isso?

Ora – e esse é o segundo fato –, Cristo jamais considera inoportuna ou infundada essa pergunta. Ao contrário, tanto a seus olhos como aos deles é a questão decisiva, a única que importa. Se ele a afasta ou elude, é por uma razão estratégica ou circunstancial. O momento ainda não chegou. Os que o escutam ainda não estão prontos para compreender. Os escribas e os fariseus logo lançariam sobre ele a rede em que querem prendê-lo, quando sua missão ainda não estava terminada. Mas tanto a seus olhos como aos deles a pergunta é legítima e até inevitável, vê-se pelo fato de ele mesmo a fazer a seus discípulos, quando eles próprios não a fazem, ou não ousam fazê-la, por tão assustador parecer ser o que ela implica. Pois, enfim, se ele não é um homem nem um profeta, nem o maior deles, o que pode ser ainda?

É então o próprio Cristo que vai revelar quem ele é. Revelação progressiva, pelas razões que acabam de ser sugeridas, mas incontestável, se nos ativermos aos textos. Pois, contrariamente à exegese ateia e mentirosa do século XIX, ela não aparece somente nos escritos tardios. Está sempre presente, nas Logia de onde derivam os sinópticos ou nas passagens primitivas de João, bem como na tradição oral mais antiga, como o testemunham as cartas de Paulo. Indiquemos rapidamente as etapas dessa revelação.

Desde o início de sua vida pública, a palavra que Cristo dirige aos homens impressiona por seu tom e sua autoridade. "Aconteceu que, ao terminar Jesus essas palavras, as multidões ficaram extasiadas com o seu ensinamento, porque as ensinava com autoridade e não como os seus escribas" (Mateus 7,28-29). Mas é o caráter humano daquele que se dirige aos homens que é posto em causa desde o início por sua própria palavra, na medida em que ela instaura entre ele e eles uma distância que parece infinita: "Se vós que sois maus..."; "Apartai-vos de mim, vós que praticais a iniquidade" (Mateus 7,11.23, respectivamente). Ora, a distância assim aberta entre os que são maus e aquele que é isento de todo mal encerra uma diferença mais essencial. Cristo recusou a geração natural em favor de uma geração divina, e isso para os próprios homens, fazendo deles, assim, Filhos do Deus único. É, pois, no interior da própria geração divina que a diferença entre Cristo e os homens deve agora ser apreendida. Nós a reconhecemos desde as Bem-aventuranças, quando Cristo se pôs subitamente no interior da relação que une cada homem a Deus, afirmando que ela se cumpriria para todos os que tivessem sofrido o insulto e a perseguição por causa dele, que é a eles que a alegria do Reino seria concedida (cf. Lucas 6,22-23; Mateus 5,11-12). Que a relação com Deus se cumpra em Cristo, eis o que se torna explícito nestes textos radicais:

> De fato, aquele que, nesta geração adúltera e pecadora, se envergonhar de mim e de minhas palavras, também o Filho do Homem se envergonhará dele, quando vier na glória de seu Pai com os santos anjos. Pois quem se envergonhar de mim e de minhas palavras, o Filho do Homem dele se envergonhará, quando vier em sua glória e na do Pai e dos santos anjos (respectivamente, Marcos 8,38; Lucas 9,26).

Não só o destino do homem – o único julgamento que importa e que virá por último – depende de sua relação com Cristo, mas também essa relação com Cristo aparece como idêntica à relação com Deus; o cumprimento da primeira é o cumprimento da segunda em seu modo concreto: a beatitude do Reino. Que semelhante julgamento – que é o do Pai que vê no segredo e contra o qual o julgamento do mundo perdeu todo poder – diz respeito, efetivamente, ao destino de cada um, é o que é dito nas mesmas passagens com uma violência em que o paradoxo atinge seu ponto limite:

> aquele que quiser salvar sua vida a perderá, mas o que perder sua vida *por causa de mim* a salvará; aquele que quiser salvar sua vida a perderá; mas o que quer perder sua vida *por causa de* mim e do Evangelho a salvará; aquele que quiser salvar a sua vida a perderá, mas o que perder sua vida *por causa de mim* a encontrará (respectivamente, Lucas 9,24; Marcos 8,35; Mateus 16,25).

Se Cristo se inscreve na relação interior do homem com Deus a ponto de se identificar com ela, definindo, assim, a via que leva ao Reino, trata-se então, para cada um dos que buscam esse Reino, de segui-lo. Segui-lo e, por isso, renunciar à sua própria vida, aos prazeres e à glória do mundo, aceitar o sofrimento incluído nessa renúncia – sofrimento de que a existência de Cristo oferece o misterioso exemplo. Donde decorre, no contexto imediato das palavras sobre as quais meditamos, a reiterada injunção: "Dizia ele a todos: Se alguém quer vir após mim, renuncie a si mesmo, tome sua cruz cada dia e siga-me" (Lucas 9,23; proposições análogas em Mateus 16,24 e Marcos 8,34).

É a intervenção de Cristo na relação com Deus como condição dessa relação o que explica a nova formulação da decomposição dos laços entre os homens. É a presença de Cristo no interior desses laços o que torna sua crítica mais inteligível e, de certo modo, mais aceitável e, portanto, mais humana. Porque é ele, como se mostrará mais claramente, que une cada vivente a outro, constituindo precisamente a substância do laço que os une, que um primado de Cristo se estabelece no interior das relações humanas – esse primado que o leva a declarar com toda a lógica: "Aquele que ama pai ou mãe mais do que a mim não é digno de mim. E aquele que ama filho ou filha mais do que a mim não é digno de mim" (Mateus 10,37). Será simples acaso, ou escolha do redator, o fato de no texto de Mateus essas declarações categóricas que colocam Cristo no centro da relação com os outros se seguirem imediatamente de duas proposições fundamentais igualmente presentes, como se viu, nos outros sinópticos? Na primeira, Cristo convida seus discípulos a segui-lo no caminho do sofrimento que é o do Reino. "Aquele que não toma sua cruz e não me segue não é digno de mim" (Mateus 10,38). A segunda indica o que significa ser digno de Cristo: não querer guardar sua vida para si, mas dá-la a Cristo por causa de Cristo, é receber a vida que não morre. No ponto extremo do paradoxo, quando é preciso perder a vida para ganhá-la, fulgura a afirmação surpreendente de Cristo sobre si mesmo, sua identificação com Deus.

A palavra de Cristo dirigida aos homens sobre sua própria condição de homem se volta assim para ele próprio. Traçando no seio da genealogia divina, que lhes concerne tanto quanto a ele, uma linha de demarcação que o isola radicalmente, ele já não se apresenta como um Filho entre os outros, entre todos os que, tendo um mesmo Pai, lhe devem a vida. Aquele que acaba de falar – segundo as palavras que acabamos de ouvir, e muitas outras, sem dúvida, sobre as quais refletimos e que trazem em si, no fundo, a mesma pretensão exorbitante – é aquele que, a mesmo título que o Pai, é detentor da vida que não passa: seu Verbo.

Trata-se, agora, de aprofundar a afirmação segundo a qual Cristo tem não só uma natureza humana – no sentido em que ele nos ensinou –, mas uma natureza divina.

Capítulo V

Palavras de Cristo sobre si mesmo:
reafirmação de sua condição divina

O célebre episódio do encontro com a Samaritana é uma das passagens do Evangelho em que Cristo desvela de modo abrupto sua condição divina. Circunstância significativa: é a uma estrangeira que a revelação é feita, numa terra hostil ao judaísmo, e isso precisamente por uma razão religiosa – os samaritanos têm seu Templo e seus sacrifícios próprios. Assim, devemos compreender como essa revelação era dificilmente aceitável pelo judaísmo oficial, a despeito do profetismo dos últimos séculos. A esse respeito, é preciso observar que, no texto joanino, o episódio dessa revelação se segue imediatamente à profecia de João Batista. Ora, não é apenas a uma estrangeira, mas a uma pecadora e, evidentemente, a uma mulher simples que se destina semelhante mensagem. Contraponto surpreendente: aquele que vai dizer-se o Messias é expressamente apresentado como um homem.

"Fatigado da caminhada, Jesus sentou-se junto à fonte." Àquela que veio buscar água nessa fonte ou poço que é o de Jacó, ele pede água. E dá-se o diálogo: "Como, sendo judeu, tu me pedes de beber, a mim que sou samaritana?". Jesus lhe responde: "Se conhecesses o dom de Deus e quem é que te diz: 'Dá-me de beber', tu é que lhe pedirias e ele te daria a água viva". Ela lhe diz: "Senhor, nem sequer tens vasilha e o poço é profundo; de onde, pois, tiras essa água viva? És porventura maior que o nosso pai Jacó (...)?". Jesus lhe responde: "Aquele que bebe desta água terá sede novamente; mas quem beber da água que lhe darei nunca mais terá sede (...)" (João 4,6-14). O extraordinário diálogo, cujo conteúdo ainda não é plenamente inteligível para nós, termina com o ato de fé em que a mulher declara saber "que vem um Messias (que se chama Cristo)". E Jesus lhe diz: "Sou eu, que falo contigo" (25-26).

Sede, fome, essas palavras que reaparecem tão frequentemente no Evangelho e com que deparamos notadamente nas Bem-aventuranças, só estão investidas de um significado tão grave porque designam uma vida finita, a vida de uma carne como a nossa, que não é capaz de se bastar a si mesma, de se levar a si mesma à vida, sempre na necessidade, desejosa e sofredora; ou, como dissemos em termos filosóficos, uma vida que não é seu próprio fundamento. A ela se opõe a vida infinita de Deus, que se leva a si mesma à vida, e ao prazer de viver. Trazendo essa onipotência em si, ela não morre jamais. "Pois a água que eu lhe der tornar-se-á nele fonte de água jorrando para a vida eterna" (João 4,14). O Messias, o Cristo, no sentido em que se entende Cristo, não é nada mais, nada menos que Aquele que, detentor da vida eterna, é capaz de dispensá-la a quem quiser.

Não serviria de nada objetar que encontramos essa declaração maciça e inequívoca num texto tardio, ou pretensamente tal. Objeto de uma formulação reiterada, a identificação de Cristo com o Verbo de Deus não é de modo algum apanágio do único Evangelho de João. Ela está espalhada pelos sinópticos, seja em forma de declarações explícitas, seja como resultado direto das palavras de Cristo ou de seus atos. É o que as Bem-aventuranças demonstram tão bem quanto os desenvolvimentos que se seguem a elas. Só aquele que conhece o Reino – já o reconhecemos – pode desvelar para os homens a maneira de lá chegar, os sacrifícios que devem consentir em sua vida para que, rompendo com qualquer forma de idolatria e de egoísmo, ela se abra à vida divina a ponto de se deixar invadir por ela. Pois o Reino não é nada além do reino dessa vida que ignora a infelicidade da finitude e da aniquilação. Mais ainda: como dizíamos, só aquele que conhece esse Reino da vida, bem como a relação de toda vida finita com este último, aquele que *constitui ele próprio esta relação*, a dos homens com Deus, pode apresentar-se a si mesmo como o salvador, afirmação constante ao longo dos Evangelhos.

Em Mateus (11,27): "Tudo me foi entregue por meu Pai, e ninguém conhece o Filho senão o Pai, e ninguém conhece o Pai senão o Filho e aquele a quem o Filho quiser revelar". Em Lucas (10,22): "Tudo me foi entregue por meu Pai e ninguém conhece quem é o Filho senão o Pai, e quem é o Pai senão o Filho e aquele a quem o Filho o quiser revelar". Como não perceber nessas declarações o abismo cavado entre Cristo e os homens – e os profetas – e, ao mesmo tempo, sua identificação com o Pai a título de Filho único, identidade que consiste no conhecimento recíproco e exclusivo que cada um tem do outro? Como se espantar de que surjam, nesse contexto inflamado, outras afirmações não menos decisivas: "E, voltando-se para os discípulos, disse-lhes a sós: 'Felizes os olhos que veem o que vós vedes! Pois eu vos digo que muitos profetas e reis quiseram ver o que vós vedes, mas não viram, ouvir o que ouvis, mas não ouviram'" (Lucas 10,23-24; cf. também Mateus 13,16-17). Só aquele que conhece o Pai, de quem ele é o Filho único, e, portanto, o Reino e o caminho que conduz a Ele, só aquele que deu a seus discípulos o poder de expulsar os demônios pode dizer-lhes, quando eles lhe vêm anunciar que o tinham feito: "não vos alegreis porque os espíritos se vos submetem; alegrai-vos, antes, porque vossos nomes estão inscritos nos céus" (Lucas 10,20).

Depois dessa identificação com o Pai por parte daquele que se diferencia assim de todos os homens, de todos os outros filhos no sentido de que somente ele conhece o Pai, sua designação como "Filho", encontrada nas passagens já citadas de Mateus e de Lucas, recebe então um significado absolutamente singular: ela só concerne a ele. Limitando sempre nossa investigação às passagens estranhas a João, assinalemos primeiramente esta frase, próxima das Bem-aventuranças: "quem me recebe, recebe o que me enviou" (Mateus 10,40). Nesse resumo fulgurante, a relação de identificação entre Cristo e seu Pai – relação ainda incompreendida por nós – não é apresentada com toda a clareza? Não é a mesma relação que é afirmada com não menos força quando, em vez de ser acolhido, Cristo se vê rejeitado, já não por um ou alguns dos que o acompanham, mas por uma geração inteira – e, por conseguinte, a condena?

> E, como estivesse perto [de Jerusalém], [Jesus] viu a cidade e chorou sobre ela, dizendo: "Ah! Se neste dia também tu conhecesses a mensagem da paz! Agora, porém, isso está escondido a teus olhos. Pois dias virão sobre ti, e os teus inimigos te cercarão (...) e não deixarão de ti pedra sobre pedra, porque *não reconheceste o tempo em que foste visitada* [por Deus]" (Lucas 19,41-44; destaque nosso).

Aqui também se produz a extraordinária inversão em que o homem que se aproxima de Jerusalém e descobre a cidade com seus olhos de carne revela-se – num ponto do espaço, num momento do tempo e, todavia, oculto aos olhos do mundo – não ser outro senão o poder todo-poderoso e único que domina as gerações e dá a paz: o próprio Deus.

A isso fazem eco as censuras às cidades onde tinha ocorrido a maioria de seus milagres, porque elas não se tinham convertido:

> Ai de ti, Corazin! Ai de ti, Betsaida! (...) E tu, Cafarnaum, por acaso te elevarás até o céu? Antes, até o inferno descerás. Porque, se em Sodoma tivessem sido realizados os milagres que em ti se realizaram, ela teria permanecido até hoje. Mas eu vos digo que no Dia do Julgamento haverá menos rigor para a terra de Sodoma do que para vós (Mateus 11,21.23-24).

Segundo essas palavras terríveis, aquele que as pronuncia conhece bem o julgamento de Deus. Tal como aquele que pronunciou as Bem-aventuranças. Tal como aquele que veio romper o caráter humano das relações humanas, colocando-se a si mesmo no interior delas como sua própria vida, tornando-as assim possíveis. Tal como ressalta de declarações já citadas cujo mistério começa a se dissipar para nós: "Se alguém vem a mim e não odeia seu próprio pai e mãe, mulher, filhos, irmãos, irmãs *e até a própria vida*, não pode ser meu discípulo" (Lucas 14,26; destaque nosso). Pois o que posso preferir à minha própria vida senão esta Vida que está nela e que a dá a ela mesma, fazendo de mim um vivente? Mas essa última interrogação, que consagra o naufrágio de todo e qualquer humanismo concebível, vale também para as numerosas sentenças evangélicas que parecem ter apenas um significado ético. Quem pode, com efeito, dirigir a um homem o mandamento inédito de amar seus inimigos? Não é preciso que esse homem seja bruscamente mudado no fundo dele mesmo, que, despedindo esse eu invadido pelo ódio, ele sucumba subitamente ao amor, cessando ao mesmo tempo de ter inimigos? Mas quem operará a mudança?

Quando, abandonando as regras do mundo, a relação humana oscila no paradoxo, a resposta é dada: "o maior dentre vós torne-se como o mais jovem, e o que governa como aquele que serve. Pois, qual é o maior: o que está à mesa, ou aquele que serve? Não é aquele que está à mesa? Eu, porém, estou no meio de vós como aquele que serve!" (Lucas 22,26-27). Uma vez mais, não estamos lidando com um exemplo edificante, com um modelo de conduta. O Cristo que se interpõe na relação humana não é nenhum de seus membros, nem aquele que comanda, nem aquele que serve. Ele é o Verbo oculto na vida de cada um daqueles a quem, dando-lhes a vida, ele confere a condição de Filhos. Nenhum deles, por conseguinte, pertence à relação humana, não se define pelo lugar que ocupa no cenário do mundo. Não sendo nunca o funcionário de uma função inclusa na ordem social, ele não poderia reivindicar para si nenhuma das prerrogativas que essa ordem confere. No coração da condição de Filho, só um opera, aquele em que se cumpre a doação da vida: "eu estou no meio de vós como aquele que serve".

A injunção, portanto, não tem por objeto retificar uma estrutura social; ela é dirigida contra o mundo. Mesmo quando assumiu o aspecto daquele que, mais desprovido aqui do que as raposas e os pássaros, não dispõe de nenhum lugar sobre a terra, é o Verbo de Deus que se dissimula sob essa miséria absoluta. Quem, com efeito, pode assinalar aos homens outro destino além do mundo? Àquele a quem acaba de dizer: "Segue-me", Cristo declara de modo abrupto que é necessário para isso abandonar os objetivos e as preocupações terrestres.

O homem responde: "Permite-me ir primeiro enterrar meu pai". Mas Jesus lhe replica: "Deixa que os mortos enterrem seus mortos; quanto a ti, vai anunciar o Reino de Deus." Ainda outro lhe diz: "Eu te seguirei, Senhor, mas permite-me primeiro despedir-me dos que estão em minha casa." Jesus lhe responde: "Quem põe a mão no arado e olha para trás não é apto para o Reino de Deus" (Lucas 9,59-62).

Se, deixando essas proposições extraordinárias que significam sempre, para a ordem do mundo, sua deposição, voltamos às declarações nas quais se cumpre, diretamente ou de modo apenas velado, a inconcebível revelação por Cristo de sua condição divina, nós as encontramos, com efeito, disseminadas através de todos os Evangelhos. Temos dificuldade para medir hoje, em sociedades que escapam progressivamente ao estado de direito, onde já não há lei nem respeito ou observância das leis, o alcance da crítica à lei num mundo essencialmente religioso e cuja religião é precisamente a da Lei. O questionamento desta aparece necessariamente como o de toda a sociedade e do fundamento em que ela repousa. Donde a gravidade da pergunta feita tanto pelos fariseus quanto pelo próprio Cristo: "Então lhe perguntaram, a fim de acusá-lo: 'É lícito curar aos sábados?'" (Mateus 12,10). "E [Cristo] perguntou-lhes: 'É permitido, no sábado, fazer o bem ou fazer o mal? Salvar a vida ou matar?' Eles, porém, se calavam" (Marcos 3,4). No contexto imediato, trata-se de um homem cuja mão direita estava paralisada e que Cristo cura para grande escândalo dos fariseus que saem da sinagoga e que, após alguma hesitação, decidem perdê-lo. Não podendo fazê-lo comparecer diante do sumo sacerdote, eles perguntam aos homens de Herodes se este poderia prender Jesus tal como fizera com João.

Outro episódio relatado igualmente nos três sinópticos apresenta a mesma questão: "Por esse tempo, Jesus passou, num sábado, pelas plantações. Os seus discípulos, que estavam com fome, puseram-se a arrancar as espigas e a comê-las. Os fariseus, vendo isso, disseram: 'Olha só! Os teus discípulos a fazerem o que não é lícito fazer num sábado!'" (Mateus 12,1-2). Cristo replicou que Davi e seus companheiros, quando tiveram fome, comeram o pão da oferenda, o que só era permitido aos sacerdotes. E que, ademais, os próprios sacerdotes faltavam ao repouso do sábado sem cometer nenhuma falta. É então que irrompem as declarações inaudíveis para o mundo judeu: não contentes em abalar o fundamento desse mundo, essas declarações não só recaem em Cristo para colocá-lo numa situação que escapa a todo critério religioso conhecido – acima dos pecadores, dos justos, da Lei – mas também identificam seu autor com Aquele que, detentor do poder divino, pura e simplesmente se identifica com a lei: "Digo-vos que *aqui está algo maior do que o Templo*. Se soubésseis o que significa: 'Misericórdia é que eu quero e não sacrifício', não condenaríeis os que não têm culpa. Pois o *Filho do Homem é senhor do sábado*" (Mateus 12,6-8; destaques nossos).

Mais que o Templo, a Lei e o sábado. Mas também "muito mais que Jonas", "muito mais que Salomão". É a acusação feita por Cristo à geração má que pede um sinal:

> A rainha do sul se levantará no Julgamento, juntamente com os homens desta geração e os condenará, porque veio dos confins da terra para ouvir a sabedoria de Salomão, mas aqui está algo mais do que Salomão! Os habitantes de Nínive se levantarão no Julgamento juntamente com esta geração, e a condenarão, porque se converteram pela pregação de Jonas. Mas aqui está algo mais do que Jonas! (Lucas 11,31-32; e também Mateus 12,41-42).

Como deixar de lado, pois, a pergunta que, nos três sinópticos, Cristo faz a seus discípulos a respeito de si mesmo? Eis a versão de Mateus (16,13-16):

> Chegando Jesus ao território de Cesareia de Filipe, perguntou aos discípulos: "Quem dizem os homens ser o Filho do Homem?" Disseram. "Uns afirmam que é João Batista, outros que é Elias, outros, ainda, que é Jeremias ou um dos profetas". Então lhes perguntou: "E vós, quem dizeis que eu sou?" Simão Pedro, respondendo, disse: "Tu és o Cristo, o filho do Deus vivo!".

Então ele ordenou aos discípulos que não dissessem a ninguém que ele era o Cristo (cf. Lucas 9,18-21; Marcos 8,27-30).

Somos remetidos, assim, às últimas declarações que Cristo formulará sobre sua condição, por ocasião de seu processo. Em conformidade com os acordos já assinalados, Cristo é primeiramente posto diante do Sinédrio:

> Ora, os chefes dos sacerdotes e todo o Sinédrio procuravam um falso testemunho contra Jesus, a fim de matá-lo, mas nada encontraram, embora se apresentassem muitas falsas testemunhas. Por fim, se apresentaram duas que afirmaram: "Este homem declarou: Posso destruir o Templo de Deus e edificá-lo depois de três dias". Levantando-se então o Sumo Sacerdote, disse-lhe: "Nada respondes? Que testemunham estes contra ti?" Jesus, porém ficou calado. E o Sumo Sacerdote lhe disse: "Eu te conjuro pelo Deus Vivo que nos aclares se tu és o Cristo, o Filho de Deus". Jesus respondeu: "Tu o disseste (...)" (Mateus 26,59-64; Marcos 15,1-39; Lucas 22,66-70).

Foi assim pronunciada a blasfêmia que, aos olhos do Sinédrio, merecia a morte. É então que, não tendo o Sinédrio o direito de pronunciar uma condenação à morte, nem sequer por crime religioso, Cristo foi levado até Pilatos, que, por sua vez, o interroga: "Jesus foi posto perante o governador e o governador interrogou-o: 'És tu o rei dos judeus?' Jesus declarou: 'Tu o dizes...'" (Mateus 27,11).

No conjunto das palavras que Cristo pronuncia sobre si mesmo, a declaração segundo a qual ele é o Cristo, isto é, o Messias, marca o ponto culminante. O conjunto dos Evangelhos a retoma sem mudança nesse mesmo contexto dramático. Sua significação não deixa dúvidas: ela é a mesma tanto para aquele que a formula quanto para aqueles que o ouvem. A identificação de Jesus com o Cristo e com o Messias é sua identificação com o Filho de Deus, e sua identificação com o Filho de Deus é sua identificação com Deus mesmo. Essa significação radical é o que está em jogo no processo. A despeito de sua enormidade, não é a declaração de Cristo relatada pelas últimas testemunhas (declaração cujo sentido, aliás, eles não compreendem) que é lembrada – "Este homem declarou: Posso destruir o Templo de Deus e edificá-lo depois de três dias". Trata-se do que ela implica aos olhos de todos, a identificação de seu autor com a onipotência divina. É a essa identificação que o sumo sacerdote vai imediatamente. É com respeito a ela que Cristo é intimado a explicar-se. O objeto da acusação é, pois, o mesmo aos olhos do tribunal e aos olhos do acusado. E, apesar de formulada de modo indireto e ainda velado, a resposta de Cristo tem o mesmo sentido para ele e para aqueles que vão condená-lo: donde seu alcance extraordinário.

Se "os fatos" e seu significado escapam tanto a qualquer contestação como a qualquer equívoco, uma questão ao menos permanece posta para o leitor de hoje como para todos aqueles que, de geração em geração, durante dois milênios, foram habitados por ela: a extraordinária identificação de Jesus com o Cristo e, assim, com Deus mesmo pode beneficiar-se de uma justificação qualquer? Para além de sua afirmação, por mais categórica que seja, Cristo tem condições de legitimá-la? Em outros termos: a palavra que ele dirige aos homens a respeito de si mesmo e na qual ele se designa como o Cristo e salvador do mundo é crível?

Duas vias se abrem diante de todo homem que leva a sério tal interrogação. Já seguimos a primeira. Vimos que a palavra dirigida aos homens a respeito deles mesmos inverte as relações naturais que eles mantêm espontaneamente entre si na injunção que lhes é feita de amar a seus inimigos – e que tal inversão resulta da inversão da condição humana. É por esta já não ser compreensível numa genealogia natural, mas divina, que tudo o que concerne ao homem, a suas ações como a suas afeições, deve proceder da origem de que ele deriva, de sua relação com Deus.

Por um lado, os efeitos da nova definição da condição humana a partir de sua geração divina pareciam desconcertantes aos olhos do mundo, propriamente destruidores na medida em que este já não é seu fundamento. O que significam os laços entre os homens se eles já não provêm de sua natureza compreendida como natureza autônoma e mundana? Em que se transforma sua atividade se todos os objetivos que ela persegue no mundo são desprovidos de valor? Assistimos a um verdadeiro desmoronamento do "sistema humano".

Não foi isso justamente o que se deu? Não vemos vir a catástrofe da escuta da palavra de Cristo, mas de seu esquecimento, e até, como hoje em dia, da proibição que a atinge? Sendo retirado todo o embasamento sagrado tanto da natureza humana como do mundo que repousa nela, o homem encontra-se entregue à facticidade da natureza material, a uma rede de processos cegos desprovidos de toda e qualquer justificação interior. A reciprocidade das relações naturais já não é a do amor, mas, como já vimos, a da rivalidade, a da luta por bens materiais, por dinheiro, por poder, por prestígio – portanto, o reino do fingimento, da fraude, da mentira, do adultério, da inveja, do ódio, da violência –, a luta, enfim, de todos contra todos temperada pela formação de clãs fora dos quais o indivíduo já não pode sobreviver na selva da modernidade. Eis, pois, o que acontece quando a palavra paradoxal de Cristo de amarmos os que nos fazem mal perde seu poder. Só ela pode impedir a engrenagem da vingança e do ódio. Assim, a verdade da palavra de Cristo dirigida aos homens a respeito deles mesmos surge inevitavelmente desde que seja ouvida em sua verdade: "Deixo-vos a paz, minha paz vos dou" (João 14,27). A experiência humana perfila-se então como a prova dessa verdade. A partir dessa correspondência paradoxal – pois que repousa numa série de paradoxos – entre a palavra de Cristo e nossa experiência, é possível conceber uma espécie de apologética do cristianismo ao modo de Pascal.

Todavia, a verdade da palavra de Cristo a respeito dos homens não resulta senão da verdade da palavra de Cristo a respeito de si mesmo e depende inteiramente dela. Assim nos vemos remetidos à segunda via. É a verdade da palavra de Cristo, na medida em que ela se identifica com o Filho e, assim, com Deus mesmo, que está em questão. É essa verdade, e somente ela, que se trata de saber se pode ser legitimada – como e por quem.

Capítulo VI

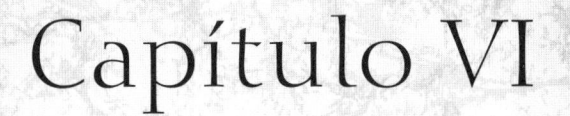

A questão da legitimação das palavras pronunciadas por Cristo a respeito de si mesmo

A afirmação de Jesus de que ele é o Cristo, o Filho de Deus e, assim, Deus mesmo, e cujas ocorrências reiteradas e cada vez mais categóricas já assinalamos, não é uma simples afirmação? Cristo, se é o Cristo, não está obrigado a legitimá-la, a fundamentar a verdade do que ele diz ser? Pois a pergunta "Que dizes tu de ti mesmo?" se desdobra inevitavelmente em outra: "Com que direito dizes isso?".

E é essa a objeção que vai surgir muitas vezes nas sinagogas onde ele ensina. Que surge cada vez que o conteúdo desse ensinamento recai naquele que o professa para fazer dele, de um modo ou de outro, direta ou implicitamente, *alguém que é mais que um homem, alguém que já não é somente um homem*.

Então se produz um confronto inevitável. E esse confronto é duplo. Por um lado, seus ouvintes se dividem. Compreendendo suas declarações ou seus atos no que têm de insólito ou de contrário à lei religiosa de que são os guardiões, escribas, fariseus, sacerdotes ou sumos sacerdotes não tardam a descobrir através deles a afirmação oculta de que resultam. Fascinados tanto por suas palavras como pela autoridade de sua pessoa, outros, ao contrário, pessoas em geral mais simples, o seguem e se tornam seus discípulos. Acorrendo ao lugar onde o rumor anuncia sua vinda, eles o escoltam de povoado em povoado. Ou por ocasião de um encontro, diante de um sinal, abre-se neles um caminho que leva aonde ele quer conduzi-los. Entre os que vão reconhecer Jesus como o Cristo e os que, recusando-lhe esse reconhecimento, o tomarão por um blasfemador, são previsíveis, assim, múltiplos choques. Qualquer que seja a ocasião a respeito da qual esses choques rebentem, a verdadeira causa de sua violência é sempre a mesma: a condição daquele que se comporta como se fosse o Messias.

Consideremos a sequência que, no Evangelho de João, segue a cura do cego de nascença (João 9,8-34).

> Os vizinhos, então, e os que estavam acostumados a vê-lo antes, porque era mendigo, diziam: "Não é esse que ficava sentado a mendigar?" Alguns diziam: "É ele". Diziam outros: "Não, mas alguém parecido com ele". Ele, porém, dizia: "Sou eu mesmo". Perguntaram-lhe, então: "Como se abriram teus olhos?" Respondeu: "O homem chamado Jesus fez lama, aplicou-ma nos olhos e me disse: 'Vai a Siloé e lava-te' (...) e [então] recobrei a vista (...)".

Como sempre que um evento análogo acontece, pondo em causa a condição daquele que eles puseram sob alta vigilância, os fariseus fazem uma investigação:

> Conduziram o que fora cego aos fariseus. Ora, era sábado o dia em que Jesus fizera lama e lhe abrira os olhos (...). Diziam, então, alguns dos fariseus: "Esse homem não vem de Deus, porque não guarda o sábado". Outros diziam: "Como pode um homem pecador realizar tais sinais?" E havia cisão entre eles (...). Os judeus não creram que ele fora cego enquanto não chamaram os pais do que recuperara a vista (...).

Sabe-se que estes, por medo de ser excluídos da sinagoga, enviam os investigadores a seu filho, pretextando que ele era capaz de lhes responder por si mesmo.

> Disseram-lhe, então: "Que te fez ele? Como te abriu os olhos?" Respondeu-lhes: "Já vos disse e não ouvistes. Por que quereis ouvir novamente? Por acaso quereis também tornar-vos seus discípulos?" Injuriaram-no e disseram: "Tu, sim, és seu discípulo; nós somos discípulos de Moisés. Sabemos que Deus falou a Moisés; mas esse, não sabemos de onde é". Respondeu-lhes o

homem: "Isso é espantoso: vós não sabeis de onde ele é e, no entanto, abriu-me os olhos! (...) Jamais se ouviu dizer que alguém tenha aberto os olhos de cego de nascença. Se esse homem não viesse de Deus, nada poderia fazer". Responderam-lhe: "Tu nasceste todo em pecado e nos ensinas?" E o expulsaram.

A tensão entre os fariseus e os discípulos – no caso, um mendigo cego – é, portanto, efeito de um conflito mais originário, o que opõe os fariseus ao próprio Cristo. E o objeto do conflito, dissimulado pelos acontecimentos extraordinários que têm lugar, é a condição daquele que, uma vez mais, se coloca acima da Lei e do sistema religioso construído a partir dela. A questão suscitada pelo caráter blasfematório tanto de seus atos como de suas palavras é certamente a de sua legitimidade.

É nos três sinópticos, em termos semelhantes, que intervém essa questão crucial da legitimidade.

> Vindo ele [Jesus] ao Templo, estava a ensinar, quando os chefes dos sacerdotes e os anciãos do povo se aproximaram e perguntaram-lhe: "Com que autoridade fazes estas coisas? E quem te concedeu essa autoridade?". Jesus respondeu: "Também eu vos proporei uma só questão. Se me responderdes, também eu vos direi com que autoridade faço estas coisas. O batismo de João, de onde era? Do céu ou dos homens?" Eles, porém, arrazoavam entre si, dizendo: "Se respondermos: Do céu, ele nos dirá: Por que então não crestes nele? Se respondermos: Dos homens, temos medo da multidão, pois todos consideram João como profeta". Diante disso, responderam a Jesus: "Não sabemos". Ao que ele também respondeu: "Nem eu vos digo com que autoridade faço estas coisas" (Mateus 21,23-27; também Marcos 11,27-33 e Lucas 20,1-8).

Estava longe de tratar-se de uma simples esquivança – não desprovida de humor – diante de uma questão incômoda. Jesus mantém intacta sua autoridade, preservando o pesado mistério de sua origem, porém desconsidera a de seus interlocutores, constrangidos a confessar sua ignorância. É essa mesma inversão de autoridade que se opera no famoso episódio da mulher adúltera, ainda que a condição de Cristo não pareça estar em jogo. Quando os escribas e fariseus insistem em fazê-lo cair na armadilha de sua Lei, sabemos como Cristo a faz voltar-se contra eles. "Mestre, esta mulher foi surpreendida em flagrante delito de adultério. Na Lei, Moisés nos ordena apedrejar tais mulheres. Tu, pois, que dizes?" Enquanto traça no chão os signos da Lei antiga e, desconhecidos para eles, os da nova Lei, fulgura a resposta áspera que ressoa ainda hoje em nosso mundo privado de espírito: "'Quem dentre vós estiver sem pecado, seja o primeiro a lhe atirar uma pedra'. (...) Eles, porém, ouvindo isso, saíram um após outro, a começar pelos mais velhos. Ele ficou sozinho e a mulher permanecia lá (...). 'Mulher, onde estão eles? Ninguém te condenou?'" (João 8,4-10). Onde estão eles? Ninguém... Diante do vazio deixado por essa retirada, que significa nada menos que a debacle de seu pretenso saber – e, com ela, a da Lei ética –, uma espécie de transfiguração se produz. A figura de Cristo se aureola de um poder que nenhum homem detém, o de, perdoando o pecado, fazer que o é ou foi já não seja – cuja face oculta é o poder de fazer que o que já não é, que o que está morto revivesça.

Ora, o enfrentamento com os fariseus não assume apenas a forma sutil em que a condição de Cristo ainda está apenas implicada. Apesar de oculta no véu de uma parábola, essa condição rasga como um raio aterrador a noite do mundo quando se mostra que tal parábola é a profecia do assassínio de Deus pelos homens. Será um mero acaso o fato de, nos três sinópticos, a parábola vir imediatamente após o enfrentamento com os fariseus a respeito do direito de Cristo de fazer o que ele faz?

> Havia um proprietário que *plantou uma vinha* (...) arrendou-a a vinhateiros (...). Chegada a época da colheita, enviou seus servos aos vinhateiros, para receberem os seus frutos. Os vinhateiros, porém, agarraram os servos, espancaram um, mataram outro e apedrejaram o terceiro. Enviou de novo outros servos, em maior número do que os primeiros, mas eles os trataram

da mesma forma. Por fim, enviou-lhes seu filho, imaginando: 'Respeitarão meu filho'. Os vinhateiros, porém, vendo o filho, confabularam: 'Este é o herdeiro: *vamos! matemo-lo e apoderemo--nos da sua herança*' (Mateus 21,33-38; também Marcos 12,1-7 e Lucas 20,9-14; destaque nosso).

Desse modo, cumpre-se o assassínio do herdeiro que dá aos assassinos a posse do mundo. Nasce, assim, cada vez que o assassínio se cumpre, o humanismo em que os homens fazem do mundo e de si mesmos sua própria possessão, manipulando tudo e a si mesmos segundo as múltiplas possibilidades que se oferecem, nesse mundo e neles mesmos.

Mas são as consequências do assassínio profetizado o que o fim da parábola conta. A Cristo, que pergunta o que o proprietário fará com os vinhateiros, responde-se:

> "Certamente destruirá de maneira horrível esses infames e arrendará a vinha a outros vinhateiros, que lhe entregarão os frutos no tempo devido". Disse-lhes então Jesus: "Nunca lestes nas Escrituras: '*A pedra que os construtores rejeitaram tornou-se pedra angular*'? Por isso vos afirmo que o Reino de Deus vos será tirado e confiado a um povo que o fará produzir seus frutos". Aquele que cair sobre esta pedra ficará em pedaços, e aquele sobre quem ela cair ficará esmagado. Os chefes dos sacerdotes e os fariseus, ouvindo estas parábolas, perceberam que Jesus se referia a eles. Procuravam prendê-lo, mas ficaram com medo das multidões (...) (Mateus 21,41-45).

No ensinamento de Cristo, a afirmação de sua condição de Filho torna-se, assim, cada vez mais clara. É ele mesmo agora que provoca a questão de saber quem ele é. Desta vez, a pergunta não é feita a seus discípulos, mas àqueles que querem perdê-lo. O episódio decisivo também é narrado nos três sinópticos.

> Estando os fariseus reunidos, Jesus interrogou-os: "Que pensais a respeito do Cristo? Ele é filho de quem?". Responderam-lhe:

"De Davi". Ao que Jesus lhes disse: "Como então Davi, falando sob inspiração, lhe chama Senhor, ao dizer: *O Senhor disse ao meu Senhor: senta-te* à *minha direita, até que eu ponha os teus inimigos debaixo dos teus pés*? Ora, se Davi o chama Senhor, como pode ser seu filho?". E ninguém podia responder-lhe nada. E a partir daquele dia ninguém se atreveu a interrogá-lo (Mateus 22,41-46; Marcos 12,35-37; Lucas 20,41-44).

Que, naquele dia, ninguém tenha ousado questionar a Cristo não impede que a afirmação dele de sua condição de Senhor, isto é, de Deus, não cesse de remeter ao problema de sua legitimidade. Viu-se como ela intervém nos sinópticos. É em João – evidentemente, também ele refere às discussões que tiveram lugar no Templo – que o problema da legitimação por Cristo de sua condição divina dá lugar aos desenvolvimentos mais elaborados para receber, finalmente, uma resposta de profundidade insondável. Pois João não se contenta em reconstituir em sua tensão trágica os enfrentamentos que vão terminar na condenação de Jesus e em seu suplício. Seu plano, à primeira vista irrealizável, é validar a afirmação por Cristo de sua condição de Filho, colocando-se de certo modo no interior dessa afirmação e coincidindo com seu movimento. Mais radicalmente: colocando-se no interior da própria condição de Cristo e identificando-se com ela. Ver-se-á que, longe de ser insensata, essa identificação leva a palavra de Cristo ao lugar de seu cumprimento.

Ainda não estamos em condições de compreender essas verdades derradeiras. E isso porque somos incapazes de compreender *que espécie de compreensão* é suscetível de nos abrir a elas. Para dizê-lo em outros termos: as proposições tiradas do Evangelho de João sobre as quais vamos refletir agora são formuladas numa linguagem que é a linguagem dos homens, a que os homens falam entre si, na qual estão escritos todos os textos que conhecemos, notadamente os Evangelhos. É nessa linguagem, como assinalamos, que Cristo falou aos homens, e isso pelo fato mesmo de que lhes falou enquanto homem. Indiquemos imediatamente que *essa linguagem dos homens não é a de Deus.* Segundo João, Cristo é o Verbo de Deus, isto é, sua Palavra. Só quando conhecermos a natureza dessa Palavra é que seremos capazes de compreender verdadeiramente o que ela nos diz – o que ela nos diz através da linguagem que os homens falam, ou que, por ora, nos parece tal. Assim, as breves observações que se seguem e que se referem aos textos constituem uma primeira aproximação. A justificação inteira da condição divina de Cristo não poderá vir senão da própria palavra de Deus vivida em sua verdade originária. Só pode vir do Verbo.

Quem então, com efeito, poderia legitimar perfeitamente a afirmação extraordinária pela qual Cristo se identifica com o Verbo? Ou, para retomar a linguagem de seus adversários, retomada e assumida pelo próprio Cristo, que testemunho poderia caucionar tal asserção? Tal é exatamente a exigência formulada pela Lei. Se "ninguém dá testemunho de si mesmo", como Jesus poderia subtrair-se a essa prescrição incontornável, e isso a respeito de sua pretensão extravagante de se fazer Deus?

Observemos, do ponto de vista filosófico, que a argumentação dos que se referem assim à Lei se move em círculo. Com efeito, a Lei endereça-se aos homens.[1] *Se, pois, Cristo é um homem* – mas nisso reside o que está em jogo no debate –, está submetido a ela. Jesus não é um homem? "Sendo apenas homem, tu te fazes Deus" (João 10,33). À identificação feita por Cristo de si próprio com o Verbo, os seguidores da Lei opõem sem cessar a identidade que é a de cada um, uma identidade definida pelo lugar de seu nascimento e por seus pais. "Mas nós sabemos de onde esse é, ao passo que ninguém

---

[1] Essa é a razão pela qual essa lei, de origem religiosa, será retomada, ao menos no que concerne ao princípio em questão, por todos os códigos civis da terra. Esse princípio é muito simples e se apreende facilmente no seguinte exemplo. Se sou suspeito de ter cometido um crime em Saumur e declaro que naquele dia, naquela hora, eu estava em Paris, minha declaração permanece sem valor enquanto não for confirmada pelo testemunho de outro homem que me tenha visto naquele dia, naquela hora, em Paris. É essa lei jurídica concernente aos assuntos humanos que os legistas pretendem fazer valer contra as declarações de Cristo sobre si mesmo.

saberá de onde será o Cristo, quando ele vier" (João 7,27). Pois a Lei só se aplica a um homem definido por uma identidade que encontra no mundo dos homens seus critérios: data e local de nascimento, nome e profissão dos pais, etc. Um homem assim não está habilitado a dar testemunho de si mesmo. É a ele, ao homem-Jesus, que se dirigem os fariseus, que lhe dirão então: "Tu dás testemunho de ti mesmo: teu testemunho não é válido" (João 8,13).

A primeira resposta de Cristo parece conceder a seus acusadores os dois pontos de sua objeção: que ele é um homem e que, em consequência da Lei e em conformidade com ela, ele não poderia testemunhar sobre si mesmo: "Vós me conheceis e sabeis de onde sou" (João 7,28). "Se eu der testemunho de mim mesmo, meu testemunho não será verdadeiro" (João 5,31). Ora, essa primeira resposta é manifestamente uma dissimulação. Como não ver que ela é contrária ao ensinamento que Cristo não cessou de endereçar aos homens *a respeito deles mesmos*? "A ninguém na terra chameis 'Pai'" (Mateus 23,9). Assim, pois, quando os sacerdotes, os escribas, os fariseus e seus discípulos julgam oportuno lembrá-lo de que ele era filho do carpinteiro José e de Maria, essa crença comum numa genealogia natural dos homens vai de encontro à afirmação reiterada por Cristo da genealogia divina deles mesmos. Ela não pode aplicar-se a ele, mesmo quando considerado um homem, um filho entre todos os outros filhos. E menos ainda a ele se ele é o Filho único Primogênito, idêntico ao Verbo.

É precisamente essa identidade com o Filho Primogênito o que leva Cristo a rejeitar sua sujeição à condição humana, desqualificando desde o início a objeção de todos os que sua palavra mágica vai despojar de uma autoridade que nunca têm por si mesmos e que sentem que está prestes a escapar-lhes. Condição humana em que, ademais, eles consideram de maneira totalmente errônea, incapazes que são de compreender o homem senão a partir do mundo e de suas propriedades: espaço, tempo, causalidade, etc., diríamos hoje. Pronunciadas em tom interrogativo – "Vós me conheceis? Sabeis quem sou?" –, essas proposições de Cristo significam o contrário: vós imaginais conhecer-me, credes saber quem sou, mas não sabeis nada de mim. Não sabeis precisamente de onde venho, não conheceis meu Pai.

Trata-se, pois, de declarações fulgurantes pelas quais Cristo, não contente em reafirmar inequivocamente sua condição divina, dá sempre a justificação de algum modo absoluta dessa pretensão exorbitante. "Vós me conheceis e sabeis de onde sou; no entanto, não vim por própria vontade, mas é verdadeiro aquele que me enviou e que não conheceis. Eu, porém, o conheço, porque venho de junto dele, e foi ele quem me enviou." E alguns versículos mais adiante: "Por pouco tempo estou convosco e vou para aquele que me enviou. Vós me procurareis e não me encontrareis; e [ao lugar] onde eu estou vós não podeis vir" (João 7, respectivamente, 28-29 e 33-34).

A objeção legalista do testemunho faz-se em pedaços. Em um sentido, Cristo recebeu muitos testemunhos. O das Escrituras: "Ora, são elas que dão testemunho de mim". O de Moisés: "Se crêsseis em Moisés, haveríeis de crer em mim, porque foi a meu respeito que ele escreveu". O de João Batista, enfim, no qual eles tampouco creram. Todavia, não é desses testemunhos, por mais importantes que sejam, notadamente o de João Batista, que Cristo espera a justificação definitiva de sua palavra. "Eu, no entanto, não dependo do testemunho de homem" (respectivamente, João 5,39; 5,31-47; 8,14-15). Segue-se, ademais, uma crítica severa de todo testemunho humano na medida em que este último se produz na verdade do mundo, no que João chama de sua "luz" ou de sua "glória". É sempre possível ver, ouvir, pedir a alguém que repita o que disse. Segundo o ensinamento de Cristo já analisado, todo ato humano, considerado segundo a aparência que oferece de si mesmo na exterioridade do mundo, traz em si a possibilidade da dissimulação e da mentira: o ato de testemunhar a mesmo título que o de jejuar, o de dar esmola ou o de rezar. Na terra, todo testemunho é potencialmente um falso testemunho. É essa carência própria de toda palavra de homem o que a Lei tenta superar, exigindo uma pluralidade de testemunhos. É essa mesma carência o que conduz Cristo a recusar, no que lhe concerne, todo testemunho humano.[2]

Se, pois, Cristo não espera de nenhum homem o testemunho de sua condição, de quem pode vir esse testemunho? Dele mesmo. Aos olhos dos detentores da Lei, isso é voltar a um testemunho sem valor. Ora, como já se disse, é de modo puramente aparente que Cristo parece conformar-se à exigência da Lei: não para aceitar submeter-se a ela verdadeiramente, mas para afirmar num novo esplendor que ele não depende dela, mas situa-se infinitamente acima dela, no mais alto, lá de onde ele vem. Se Cristo não é o único a testemunhar sua condição de enviado de Deus, é aquele que o enviou que*m testemunha por ele*, com ele, com o qual ele é um. Donde novas apóstrofes que brilham como o gume de uma lâmina. "Se eu der testemunho de mim mesmo, meu testemunho não será verdadeiro; outro é que dá testemunho de mim, e sei que é verdadeiro o testemunho que presta de mim" (João 5,31-32). Quem é este "outro"? "Também o Pai que me enviou dá testemunho de mim. Jamais ouvistes a sua voz, nem contemplastes a sua face, e sua palavra não permanece em vós porque não credes naquele que ele enviou" (ibidem 5,37-38).

E ainda: "Embora eu dê testemunho de mim mesmo, meu testemunho é válido, porque sei de onde venho e para onde vou. Vós, porém, não sabeis de onde venho nem para onde vou. Vós julgais conforme a carne, mas eu a ninguém julgo; se eu julgo, porém, o meu julgamento é verdadeiro, porque eu não estou só, mas comigo está o Pai que me enviou; e está escrito na *vossa Lei* que o testemunhos de duas pessoas é válido. Eu dou testemunho de mim mesmo e também o Pai, que me enviou, dá testemunho de mim" (João 8,14-18; destaque nosso).

---

[2] Há uma razão mais profunda para essa crítica: como Cristo, se ele é a Palavra de Deus, poderia submeter-se à precariedade de uma palavra humana? É preciso toda a presunção, toda a superficialidade e toda a cegueira do humanismo para que um de seus representantes patentes ouse declarar: "Serei sempre eu quem decidirá que a voz é a voz do anjo". Como um vivente, sempre já dado a si mesmo na vida, jamais ouvindo em si nada além dessa Palavra da Vida, poderia julgar bem, autenticar ou denegrir uma Voz que o precede desde sempre, a ele cuja existência nunca deixa de ser a escuta daquela? Mas essas observações são prematuras.

São, portanto, fariseus escandalizados, mas em verdade desamparados, que são impelidos à blasfêmia, à negação de Deus. Pois, na rejeição de Cristo a toda genealogia humana que lhe concerne, é exatamente a questão do único Pai de todos os homens que é posta – desse Pai verdadeiro que é Deus mesmo. Esse Pai de que Cristo se declara o herdeiro, de quem reivindica ao mesmo tempo o conhecimento e o testemunho, de quem os fariseus aparentemente não sabem nada. Os fariseus lhe diziam: "Onde está teu Pai?". Jesus respondeu: "Não conheceis nem a mim nem a meu Pai; se me conhecêsseis, conheceríeis também meu Pai" (ibidem 8,19).

Dessas palavras demasiado densas, que encerram em si a justificação da afirmação de Cristo sobre sua condição divina, devemos prosseguir a elucidação. E há duas maneiras de fazê-lo. Pode-se tentar apreender em seu contexto joanino, a partir das outras palavras últimas de Cristo, seu significado radical. Uma segunda via, porém, se oferece a nós, se nos lembrarmos de uma de nossas observações iniciais, que, aliás, evocamos várias vezes ao longo de nossas análises. Se, como dizíamos, Cristo tem duas naturezas, uma humana e outra divina, não terá também duas palavras, uma própria dos homens, a outra divina, a que lhe é própria enquanto ele é o Verbo de Deus: a palavra de Deus mesmo? O significado derradeiro das últimas palavras de Cristo não reside em sua palavra enquanto Verbo de Deus? Mas em que consiste essa palavra? Chegou o momento de nos fazermos essa pergunta decisiva.

Capítulo VII

Palavra do mundo, palavra da vida

Estamos diante de uma questão que acabamos de qualificar de decisiva, apesar de, paradoxalmente, nunca ter sido apresentada pela filosofia. Se tal questão há de assumir a importância que pressentimos, convirá fazer esta observação: levar em consideração certos temas religiosos fundamentais nos permite descobrir um imenso domínio desconhecido do pensamento considerado racional. Longe de se opor a uma reflexão verdadeiramente livre, o cristianismo colocaria a filosofia tradicional e seu *corpus* canônico diante de seus limites, para não dizer diante de sua cegueira.

Trata-se, pois, de saber se existe outra palavra além da que os homens falam ordinariamente a fim de se comunicarem entre si. A necessidade de voltar a essa questão da palavra humana, de que certos caracteres foram aqui brevemente evocados, impõe-se agora a nós: não é dela, com efeito, que fazem uso as Escrituras quando se esforçam por nos transmitir a revelação divina que se encontra ali depositada?

Sem dúvida convém distinguir no texto do Novo Testamento duas classes de palavras. De um lado, a dos evangelistas, Mateus, Marcos, João e Lucas, que relatam os acontecimentos ligados à existência histórica de Cristo. Esses acontecimentos – selecionados, ademais, entre muitos outros dos quais não chegou até nós menção alguma – se mostram, todos, a títulos diversos, altamente significativos. Eles marcam as etapas do desvendamento progressivo por Cristo de sua missão: escolha dos discípulos, sinais dessa missão e da condição daquele que vai cumpri-la, acolhida recebida nas localidades atravessadas, debates nas sinagogas e no Templo, etc.

Diferentes dessas peripécias que compõem a trama do relato, outras sequências se destacam irresistivelmente. Já não ouvimos um relato propriamente dito, a narração por outros, por testemunhas, dos feitos e gestos de Cristo. É o próprio Cristo quem fala, são suas próprias palavras o que ouvimos. Assim, o texto é constantemente interrompido por aspas, e a continuidade de uma história que cada um pode acompanhar porque se desenvolve num universo familiar explode, literalmente, com a irrupção dessas declarações efetivamente desconcertantes, nunca ouvidas, talvez inaudíveis.

Ora, essas proposições, por mais insólitas que sejam, concernentes à condição humana ou à do próprio Cristo, são sempre formuladas em uma só linguagem, precisamente a que os homens falam e que também é a das Escrituras. Retomadas pelo contexto, absorvidas nele, semelhantes às outras proposições que compõem a narração em que se inscrevem, as palavras de Cristo tornam-se novamente o que elas nunca deixaram de ser, palavras "humanas", no sentido de que são expressas na linguagem comum. Dessa linguagem elas tomam emprestadas, inevitavelmente, as formas e as estruturas – em suma, a natureza da linguagem humana.

Nós qualificamos essa linguagem de *linguagem do mundo*, e isso por duas razões. Por um lado, é uma linguagem que designa as coisas deste mundo, trate-se das coisas inertes da natureza, dos animais, ou ainda dos objetos culturais, estes últimos compreendidos em seu sentido mais amplo: todos os objetos que têm relação com o homem, que implicam sua intervenção. É assim que um barco de pesca remete à existência de seu proprietário ou daquele que faz uso dele, bem como à daqueles que o construíram. Um campo, uma vinha não podem ser percebidos sem a representação potencial do trigo e do pão, da uva e do vinho, dos que consumirão esses frutos da terra, dos lavradores e dos vinhateiros que os produziram. O "mundo humano" é composto de realidades desse gênero, materiais em um sentido, mas que não seriam concebíveis sem os homens, cujas necessidades e trabalhos elas deixam aparecer.

Os próprios animais, enquanto animais domésticos, fazem parte desse mundo humano de que foram componentes essenciais ao longo da história. Nos Evangelhos, as palavras de Cristo dirigidas aos homens sobre sua condição são cheias de alusões a essas realidades concretas de que a existência quotidiana não é separável. "Qual de vós, se seu filho ou seu boi cai num poço, não o retira imediatamente em dia de sábado?"[1]

Mas eis a segunda razão pela qual a linguagem que nos serve para designar as múltiplas realidades de nosso ambiente é chamada por nós de "linguagem do mundo". Quaisquer que sejam essas realidades, com efeito, só podemos falar delas se elas se mostram a nós. E isso não vale apenas para essas mesmas realidades, mas para o conjunto das qualidades que somos levados a lhes atribuir no curso de nossa percepção imediata ou nos juízos que fazemos a respeito delas.

Daí decorre a seguinte questão: como elas se mostram a nós? Na tradição filosófica de que procede a modernidade, a resposta é pedida à experiência mais comum: as coisas – as pedras, as flores, a terra e o céu, os produtos da terra, as ferramentas e as máquinas, os próprios homens –, todas essas realidades se mostram a nós no mundo. Daí nasce a crença, espalhada por todas as partes, que define o que se chama "senso comum" e segundo a qual *o mundo é o meio de toda manifestação possível*. Em outros termos: o universo do visível é o único que existe e define o lugar da realidade.

---

[1] Palavra já citada, interessante por tantos aspectos, "sobredeterminada" como quase todas as palavras de Cristo, com respeito às quais se descobrem cada vez mais novos significados. Esta não ilustra apenas o caráter concreto dos exemplos a que Cristo recorre, e não remete apenas à crítica geral do legalismo. Opondo-se diretamente a uma proposição do Mestre da Justiça, ela nos permite refutar a tese segundo a qual o cristianismo seria somente uma variante do essenismo, "um essenismo que deu certo". A indiscutível referência do meio evangélico a João Batista, bem como de João Batista e do próprio Cristo ao "deserto", isto é, à comunidade de Qumran, ressalta a completa originalidade do cristianismo e da Nova Aliança que ele veio trazer ao mundo do judaísmo. Sabe-se que a espiritualidade de Qumran esperava alcançar a perfeição mediante uma estrita observância da Lei, que Cristo substitui por outra Lei, o Mandamento de Amor.

Agora, se só podemos falar do que se mostra a nós, e tudo o que se mostra a nós o faz no mundo, então toda palavra está ligada ao mundo por uma relação insuperável. *Só podemos falar do que se mostra a nós no mundo*. Não se trata apenas dos objetos sensíveis, como as pedras, as montanhas, as árvores, as casas, os campos, as usinas ou ainda os seres humanos – todas as coisas que vemos, com efeito, com nossos olhos, e cujas qualidades, odores, sons percebemos com o conjunto de nossos sentidos. Acrescentam-se a elas as coisas "inteligíveis" e insensíveis, como as propriedades geométricas, as relações matemáticas ou lógicas: nós também as "vemos" com os olhos de nosso espírito, podemos percebê-las numa série de "evidências". O que quer dizer que, graças à distância, elas permanecem da mesma maneira *diante* de nosso espírito, na exterioridade de um "mundo". É na luz dessa exterioridade que elas se mostram a nós. De modo que podemos efetivamente descrevê-las, analisá-las, *e antes de tudo nomeá-las, falar delas*.

"Palavra do mundo", portanto, quer dizer: uma palavra que fala do que se mostra a nós nessa exterioridade que é o mundo. É assim que, de modo concreto, o aparecer se propõe como condição da possibilidade de toda e qualquer palavra, na medida em que só podemos falar daquilo que se mostra a nós. Esse aparecer, condição da possibilidade da palavra, não é outra coisa senão o que os gregos chamavam de Logos. Mas, se a palavra encontra sua possibilidade no aparecer, então as propriedades dessa palavra não devem depender das propriedades desse aparecer? E, se esse aparecer é o aparecer do mundo, isto é, esse pôr-se à distância, essa exterioridade na luz da qual vemos tudo aquilo de que podemos falar, então as propriedades da palavra do mundo não dependerão necessariamente das propriedades do próprio mundo?

E, de fato, é assim. Apresentemos brevemente três traços essenciais que pertencem ao aparecer do mundo. Antes de tudo, como esse aparecer é um meio de pura exterioridade, tudo o que nele se mostra e se torna visível mostra-se como exterior, como outro, como diferente de nós. Tal é o caso do conjunto dos objetos – sensíveis ou inteligíveis – que compõem o universo do visível.

Em segundo lugar, o aparecer do mundo não torna apenas exterior, outro, diferente tudo o que nele se mostra; por isso mesmo, ele é totalmente indiferente a tudo. Que sua luz ilumine o leito ressecado de um curso d'água ou um rio caudaloso, um campo fértil ou terras desoladas, uma reunião social ou um combate sangrento, pouco lhe importa. Sob o capitel do mundo, no palco da história, aparecem sucessivamente seres cheios de graça e monstros, atos caridosos e genocídios, os conventos dedicados à meditação com suas preciosas bibliotecas e os incêndios que os destroem, as invasões que aniquilam cidades, civilizações e culturas insubstituíveis. E tudo isso se mostra a nós da mesma forma, numa neutralidade aterradora. São fatos e, em sua objetividade – essa objetividade de que a modernidade e suas ciências são tão orgulhosas –, todos esses fatos são equivalentes.

Terceiro traço, enfim: o aparecer do mundo só é indiferente a tudo o que mostra por uma razão mais profunda – porque é incapaz de dar sua existência, de criá-la. Reduzido à sua exterioridade, o mundo é tão somente um meio vazio, um horizonte privado de conteúdo. O fazer-ver – que faz ver todas as coisas à luz desse puro meio vazio – não decide quanto a nada do que há para ver. Semelhante ao viajante com os cotovelos apoiados na janela de um trem, ele se limita a descobrir o que desfila diante de seu olhar impotente.

Tais são os caracteres que a palavra tem do aparecer do mundo. Como este último é um meio de exterioridade pura, onde tudo se mostra como exterior, outro, diferente, a palavra do mundo – que fala do que vê nele – fala necessariamente de algo outro, exterior a ela, diferente dela, que lhe é totalmente indiferente, sobre o qual não tem nenhum poder.

Se considerarmos as teorias da linguagem, que desempenharam papel tão grande no pensamento moderno, veremos que não fazem senão aplicar à linguagem propriedades que decorrem diretamente do fundamento que lhe atribuem, conscientemente ou não, a saber, este aparecer do mundo, o universo do visível com o qual o senso comum identifica toda e qualquer realidade. A mais evidente de todas essas propriedades é o *caráter referencial da linguagem*. Por isso se entende que toda linguagem, toda palavra se refere a um conteúdo exterior a ele e diferente dele. É assim que *a palavra não é a realidade que ela designa*, isto é, que ela se limita a fazer ver. A palavra "cão" tem em vista, significa o cão real, mas ela não é em si mesma, enquanto palavra, nenhum cão real. Ela tem em vista ou o significa "no vazio". A palavra é uma "significação vazia". Essa incapacidade da palavra de produzir a realidade que designa é o caráter mais geral da linguagem de que se trata aqui. Se digo: "Tenho uma nota de cem euros no bolso", não por isso possuo de fato uma. Tal é a indigência da linguagem que os homens falam e que chamamos, por todas as razões que acabam de ser lembradas, de "linguagem do mundo".

Refletindo mais profundamente sobre essas teorias da linguagem, vemos que sua carência não consiste em atribuir à linguagem propriedades que não seriam dela, mas decorre do fato de considerarem tal linguagem como a única que existe. Assim, essas teorias se enganam por seguir a crença ingênua segundo a qual o universo do visível constitui o meio da única realidade verdadeira e, por conseguinte, o único objeto do saber e da linguagem. Abre-se com isso uma imensa lacuna em nossa cultura: outra palavra, mais originária e mais essencial que a do mundo, se encontra completamente oculta.

Lembremo-nos aqui do que Cristo nos ensinou, antes de tudo a respeito de nós mesmos, os homens. O que ele contestou em múltiplas ocasiões e de múltiplas formas é justamente que sejamos seres deste mundo, explicáveis por ele, compreensíveis a partir dele. Certamente, aparecemos na luz deste mundo, no que ele chama de sua "glória". Em seguida, sempre nessa luz, ficamos abertos a ele e a tudo o que se mostra nele. Mas esse universo do visível não exibe em si nossa realidade verdadeira, que reside no "segredo" em que Deus nos vê. É essa a razão por que o ensinamento de Cristo concernente à condição humana substituiu constantemente sua genealogia mundana por uma genealogia divina. Segundo esta, o homem é um vivente engendrado na vida, na única vida que existe e que é a de Deus. O homem é Filho de Deus.

É, pois, em sua relação com os viventes que somos, e mais precisamente com a Vida que faz de nós viventes, que o problema da palavra deve ser agora examinado. A vida, segundo nossas observações anteriores, não é uma coisa, um ser ou um gênero de ser particular, um conjunto de fenômenos específicos ditos "biológicos" e que a biologia de hoje reduz a processos materiais insensíveis e sem iniciativa. A vida, a vida tal como a experimentamos em nós, que é nossa vida, é em si mesma uma revelação – esse modo único de revelação em que o que se revela e o que é revelado formam algo uno e que, por essa razão, chamamos de autorrevelação. Tal modo só pertence à vida e constitui propriamente sua essência. Viver, com efeito, consiste nisto: "experimentar-se a si mesmo", "revelar-se a si". Esse é o traço decisivo e incontestável da condição humana, o que a diferencia inquestionavelmente de toda e qualquer outra.

Se existe uma relação essencial entre a palavra e o aparecer, se uma palavra não pode falar senão do que se manifesta a ela de algum modo, uma questão inteiramente nova se põe para nós. Na medida em que a Vida é uma revelação, não torna ela possível, ao mesmo tempo, a existência de uma palavra que lhe seja própria? Na medida em que a revelação própria da vida é a revelação de si, então o que esta palavra nos diz não será fixado ao mesmo tempo? *Revelando-se a si mesma, a vida nos fala de si mesma.* Vimos que os gregos chamavam de Logos a possibilidade da palavra; que eles tinham situado essa possibilidade num aparecer em que nos é mostrado tudo aquilo de que poderemos falar; que este aparecer, eles o tinham compreendido como a luz do mundo ou da "natureza" – como uma exterioridade, porque é na exterioridade de um "lá fora" que toda visão, sensível ou inteligível, pode ver o que se apresenta cada vez a ela como um conteúdo colocado diante de seu olhar, como um "objeto" ou um "em frente".

Com o cristianismo surgiu a intuição inaudita de outro Logos – um Logos que é precisamente uma revelação; já não se trata, porém, da visibilidade do mundo, mas da autorrevelação da Vida. Uma palavra cuja possibilidade é a própria Vida e na qual a vida fala de si mesma, revelando-se a si mesma – na qual nossa própria vida se diz constantemente a nós. Aqui ressoam as declarações vertiginosas de João: "Verbo [Logos] da Vida" (Primeira Carta, versículo 1); ou, no famoso Prólogo de seu Evangelho: "No princípio era o Verbo e o Verbo estava com Deus e o Verbo era Deus". "O que foi feito nele era a vida (...)" (João 1,1.4).

Antes de analisar de modo mais profundo essa Palavra de Vida que nos permitirá compreender todas as palavras de Cristo e, notadamente, aquelas em que ele declara ser ele mesmo esta Palavra de Vida que é a de Deus, isto é, seu Verbo, convém voltar à relação essencial que une a palavra e a vida. Essa relação não é objeto de uma afirmação especulativa, de uma teoria tão contestável quanto todas as teorias. Trata-se de uma experiência irrecusável. Como não reconhecê-la em ação em nossa própria vida e em cada uma de suas modalidades, no sofrimento, por exemplo? O sofrimento experimenta-se a si mesmo, e é essa a razão pela qual, dizíamos, só o sofrimento nos permite conhecer o sofrimento. *É só assim que o sofrimento nos fala; ele nos fala em seu sofrimento. E o que ele nos diz, falando-nos desse modo, é que ele sofre, que ele é sofrimento.* Descobre-se assim para nós, em sua extrema simplicidade, uma palavra a que as muitas teorias da linguagem nunca, a despeito de sua sofisticação, prestaram a menor atenção. Ora, essa palavra mais simples é também a mais singular. E sua singularidade consiste no fato de que essa palavra e o que ela nos diz constituem algo uno.

Tal palavra em que advém a identidade infrangível da palavra e do que ela nos diz – do Dizer e do dito – não é, todavia, reservada ao sofrimento. Todas as modalidades da vida se endereçam a nós desse modo. A alegria tanto quanto a tristeza, a angústia ou o desespero; o desejo insatisfeito tanto quanto o esforço e o sentimento de plenitude que o acompanham. O que fala em todas essas tonalidades que são a substância de nossa vida não é, pois, cada uma delas: é o poder todo-poderoso em que cada uma é dada a si mesma, se experimenta a si mesma, é revelada a si – é a autorrevelação da vida. Tal é a revelação originária, fundadora como tal de uma palavra originária, a que João chama de Verbo de Deus e que é sua Palavra.

Estamos em condições de propor uma apresentação sistemática dos caracteres dessa Palavra. Assim como os caracteres da palavra do mundo dependem do aparecer do mundo, assim também os da palavra da Vida não devem depender dos caracteres da Vida? Vimos que, falando do que se mostra na exterioridade do mundo, a palavra do mundo fala de um conteúdo que lhe é exterior e que, ademais, ela é incapaz de criar. Na impotência em que se encontra de pôr a realidade do que ela fala, um poder, porém, ainda lhe resta, o de afirmar essa realidade quando ela não existe: o de mentir. É essa a razão pela qual, como sugeriu João, o testemunho que essa palavra traz é potencialmente um falso testemunho. Aí está por que a Lei queria que houvesse sempre várias testemunhas, sendo desprovido de valor, em sua perspectiva, o testemunho de um só – no caso, o de Cristo sobre si mesmo.

É esse poder falacioso da palavra do mundo que Tiago afirma, por sua vez, numa passagem impressionante de sua Epístola. Como é estranha à realidade e não contém nenhuma de suas propriedades, como pode chamar com o mesmo nome duas coisas diferentes ou atribuir diversos nomes a uma mesma coisa, a palavra do mundo pode também fazer-se passar pela coisa, identificar-se com ela, valer por ela, sujeitá-la a si, submetê-la a seu desejo ou a seu delírio. É então que seu poder se torna assustador, ao pretender ditar suas leis à realidade, submetê-la a seu capricho: "Quando pomos freio na boca dos cavalos, a fim de que nos obedeçam, conseguimos dirigir todo o seu corpo. Notai que também os navios, por maiores que sejam, e impelidos por ventos impetuosos, são, entretanto, conduzidos por um pequeno leme (...). Notai como pequeno fogo incendeia floresta imensa. Ora, também a língua é fogo. Como o mundo do mal (...)" (3,3-6). A continuação do texto mostra como, pretendendo louvar o Senhor e maldizer os homens, que ele fez à sua imagem, a mesma palavra abençoa e amaldiçoa alternadamente uma mesma realidade, a de Deus e a dos homens, que são sua obra.

Reconhecemos então, em sua oposição termo a termo aos da palavra do mundo, os traços decisivos da Palavra de Vida, que é a de Deus. O primeiro, o que a diferencia totalmente, com efeito, da palavra do mundo tal como a descreve a análise fulgurante de Tiago, é que ela é uma palavra de Verdade. Pois, se a palavra do mundo traz em si a possibilidade permanente de dissimulação e de hipocrisia, sendo capaz de afirmar o que não existe ou de negar o que existe, ou ainda de abençoar e amaldiçoar alternadamente uma mesma realidade, a palavra de Vida, por seu lado, é incapaz de mentir. Testemunham-no suas formas mais simples e mais cotidianas, como a palavra do sofrimento analisada anteriormente.

Qualquer pessoa seguramente pode dizer: "eu sofro", mesmo que não sofra; ou ainda: "que momento maravilhoso!", quando só está sentindo tédio. Mas é a palavra do mundo que então está falando, aquela que se reporta a um referente exterior a ela, a um sofrimento simulado, a uma felicidade inexistente. O sofrimento que intervém assim na proposição "eu sofro" é apenas a "significação-sofrimento", uma representação irreal, um conteúdo mental a que visa a consciência. Essa significação formada pelo espírito é apenas *uma representação do sofrimento, não o próprio sofrimento*. Em si, esse conteúdo representativo não sofre, assim como o conceito de cão não late. A palavra do mundo fala *sobre* o sofrimento, fala dele, com efeito, como de uma realidade exterior a ela, diferente dela, à qual pode, ademais, ser de todo indiferente. Ela declara que é preciso saber aceitar o sofrimento, que esse pertence à condição humana, ou, ao contrário, que é um mal, que as múltiplas técnicas que a ciência põe à nossa disposição acabarão exatamente por eliminá-lo. E esse discurso pode prosseguir indefinidamente sem que nenhum sofrimento real seja implicado por ele.

Completamente diferente é a palavra *do sofrimento*. Ela não disserta sobre o sofrimento, não faz uso de nenhum vocábulo, de nenhum sinal sonoro ou escrito, de nenhuma significação, não liga significações irreais a formações linguísticas apropriadas – verbos, conjunções, etc. Porque o sofrimento fala em seu sofrimento e por ele, porque constitui algo uno com o que diz, uma só carne sofredora a que ele é entregue sem poder escapar dela nem se desfazer dela, por isso mesmo, com efeito, a palavra do sofrimento ignora a duplicidade, é em si mesma, na eficácia de seu sofrimento, que ela dá testemunho de si mesma sem recorrer a nenhum outro testemunho. Ela é absolutamente verdadeira, sua palavra é uma palavra de verdade.

Todavia, a palavra do sofrimento não é verdadeira por si mesma. É apenas na autorrevelação da vida que o sofrimento se experimenta a si mesmo e nos fala assim de si mesmo, de modo que sua palavra não difere do que ele diz. A possibilidade da palavra do sofrimento se sustenta na palavra da Vida. Eis por que a Vida nos fala tanto na alegria do esforço quanto na angústia do desespero, e em qualquer outra das tonalidades que experimentamos. Essas tonalidades em que se modifica constantemente nossa existência não são, em verdade, senão os diversos modos segundo os quais esta Vida se revela em nós e nos fala.

A verdade de cada uma das tonalidades em que nossa existência não cessa de se modificar e de nos falar é, pois, a Verdade da Vida. Encontramos aqui uma relação essencial própria do cristianismo, que lhe confere sua extrema originalidade: *a relação entre a Verdade e a Vida*. Ela constitui o substrato dos textos primitivos mais importantes, do Evangelho de João notadamente. Será indispensável voltar a ele. Indiquemos desde agora por que a Verdade procede da Vida e lhe pertence. A Vida é Verdade porque ela se revela a si mesma e porque essa revelação de si – essa autorrevelação – constitui o fundamento de toda verdade concebível. Nada existe, com efeito, para nós que não se manifeste a nós. Mas isso supõe que a própria manifestação se manifeste, que a revelação se revele – o que ela faz nessa autorrevelação que define precisamente a essência da Vida. Todas as propriedades originárias que se atribuem à Verdade – o fato, por exemplo, de que a Verdade se prova a si mesma (*verum index sui*), de que ela é uma autoatestação, de que é ela quem dá testemunho de si – são as diversas expressões dessa autorrevelação que só se cumpre na Vida e que é sua Palavra, esta Palavra de Vida que nunca mente.

Como se cumpre esta autorrevelação em que a Vida fala de si mesma e não cessa de dizer em sua verdade o que ela é, eis o que já reconhecemos. Quando a palavra do mundo fala do que é tornado manifesto na indiferença da exterioridade, é num sentimento, nesse sentimento em ela se experimenta cada vez, ou seja, de modo patético, que a palavra da vida fala. Sobre essa revelação patética, aprendemos muitas coisas. O sofrimento foi o primeiro a nos fazer descobrir que a vida nos fala e que sua palavra não tem nada em comum com a do mundo, objeto das ciências da linguagem. Desprezando toda significação, bem como os sinais escritos ou orais que são seus "portadores", o sofrimento nos fala em si mesmo, sem sair de si. Esse modo de permanecer em si mesmo, sem nunca sair de si, é o que se designa em filosofia sob o título de *imanência*. Ora, *a imanência não é um significado nem um conceito, semelhantes àqueles de que a linguagem dos homens se utiliza*. Afetividade primitiva em que a vida se experimenta a si mesma imediatamente e nunca num mundo, a imanência é, ao contrário, realidade impressional e afetiva, carne patética. É unicamente porque se experimenta a si mesma e se revela a si de modo patético, na imanência dessa Afetividade primitiva, que a Vida é uma Palavra, e uma Palavra que fala de si mesma. É unicamente porque, por sua vez, cada uma de nossas tonalidades afetivas é dada a si mesma na autorrevelação patética da Vida, é porque a palavra da Vida fala nela, que ela nos fala por sua vez, do modo como o faz, em seu sofrimento ou em sua alegria. Uma palavra cujos caracteres todos dependem dos caracteres da palavra da Vida.

Por isso ela reclama agora nossa atenção exclusiva. E isso de modo urgente, se é verdade que essa Palavra da Vida é a de Deus, seu Verbo, e que é essa Palavra, é o Cristo *enquanto Verbo de Deus* que vai legitimar o conjunto das palavras desconcertantes que ele pronunciou sobre si mesmo e nas quais ele afirma ser, ele mesmo, esta Palavra de Deus – seu Verbo.

Capítulo VIII

O Verbo de Deus. Autojustificação das palavras pronunciadas por Cristo sobre si mesmo

Compreender esta Palavra da Vida que é o Verbo de Deus é compreender, antes de tudo, *que a Vida é uma palavra*. Fizemos progressos importantes nessa via. Lembrando profundas intuições gregas segundo as quais toda palavra supõe a manifestação daquilo de que ela fala, designamos o preconceito que veio comprometer os desenvolvimentos de um pensamento em si mesmo fecundo. A manifestação implicada em toda palavra era aí interpretada de modo unilateral como a palavra do mundo. Dessa interpretação decorrem as concepções correntes da linguagem, clássicas ou contemporâneas. Segundo estas, a linguagem difere no princípio daquilo de que fala, de sorte que pode ser tanto mentirosa quanto verdadeira, segundo corresponda ou não à realidade que pretende enunciar. É, pois, toda uma cultura que vai depender de dois dados essenciais: de um lado, a intuição de uma relação entre a palavra e a manifestação em que ela repousa; de outro, a identificação dessa manifestação fundadora da palavra com o aparecer do mundo – com essa exterioridade que, entre outras consequências, dissocia a palavra do que ela diz, o Dizer e seu dito.

Se existe, todavia, outro modo de manifestação além do modo do mundo – no caso, a Vida, uma Vida tal como a nossa, de que o próprio é revelar-se a si –, então existe também outra palavra, da qual essa autorrevelação da vida constitui a possibilidade. Em diversas ocasiões reconhecemos que cada modalidade de nossa vida é uma palavra que fala de si mesma – tal como o sofrimento diz seu sofrimento, e a alegria diz sua alegria –, e isso na medida em que cada uma dessas tonalidades se experimenta a si mesma na autorrevelação da vida.

Situada no coração da realidade como sua revelação original, a palavra da Vida é a grande esquecida tanto da reflexão contemporânea como do pensamento filosófico tradicional. Essa palavra suscitou, igualmente, uma imensa cultura, mais antiga que a cultura grega, mais essencial talvez. Trata-se de uma cultura religiosa que designamos sob o título de judeu-cristianismo. O que legitima semelhante designação – que foi contestada por razões polêmicas e superficiais – é a extraordinária unidade que resulta de uma situação tão decisiva. Considerando o Antigo ou o Novo Testamento, o que se encontra tanto no centro dos textos que os compõem como da ética que eles prescrevem – e, mais ainda, no princípio da condição humana que daí resulta – é a Palavra de Deus. O homem em todos os casos se define por seu laço com essa Palavra, e isso de duas maneiras: como aquele a quem a palavra é destinada; como aquele cuja natureza é ouvir essa palavra – mesmo quando, filho desnaturado e perdido, ele já não a ouve. Em todos os casos também, essa palavra é a Palavra da Vida.

Assinalemos certas ocorrências particularmente significativas dessa palavra no Antigo Testamento, em que ela intervém sem cessar. Nele, a palavra parece antes não se dirigir a ninguém, ressoar de algum modo no nada. "Deus disse: 'Haja luz', e houve luz" (Gênesis 1,3). Aparentemente semelhante à palavra dos homens, essa palavra contém uma relação essencial com a exterioridade. No entanto, difere inteiramente dela, em virtude de seu poder criador. Essa exterioridade, ela efetivamente a produz, bem como tudo o que se mostra nela. É por sua palavra que Deus faz o mundo e todas as coisas que estão nele. "Deus disse: 'Haja um firmamento (...)'. Deus fez o firmamento (...)" (ibidem 1,6-7). "Deus disse: 'Que as águas que estão sob o céu se reúnam num só lugar (...)', e assim se fez" (ibidem 1,9).

As palavras mais numerosas do Antigo Testamento se dirigem, porém, a homens, principalmente aos profetas, que, por conseguinte, proferem essa palavra de Deus e são reconhecidos como tais. O laço que religa os homens a Deus se faz assim por intermédio de outros homens, que recebem de sua função uma dignidade eminente. Mas Deus fala também diretamente aos homens, aos homens mais comuns, até aos assassinos. "Iahweh disse a Caim: 'Onde está teu irmão Abel?'" (ibidem 4,9). Ademais, quando Deus se dirige aos homens por meio dos profetas, é mais amiúde para denunciar seu pecado, predizer sua infelicidade, ou então endireitar sua conduta tornada idólatra e tentar trazê-los de volta a Ele. Tal é o caso com a lei de Moisés.

No Novo Testamento, a situação é totalmente diferente, e Cristo não é um profeta. Muitos dos que o encontram, impressionados tanto com seus atos quanto com suas palavras, têm certamente tendência, num primeiro momento, a considerá-lo desse modo. "Senhor", diz-lhe a Samaritana, "vejo que és profeta" (João 4,19). Mas essa aparência se dissipa rapidamente. Se, em vez de serem aceitas como as dos profetas, as palavras de Cristo suscitam dúvida e, finalmente, contestação e cólera, é porque aquele que as professa declara ser ele mesmo a Palavra de Deus e, portanto, o próprio Deus. E, se essas palavras são novamente postas em questão em nossa análise, é precisamente porque são elas que devem justificar a afirmação de Cristo segundo a qual ele é o Verbo de Deus. Donde a tarefa que não pode ser diferida: compreender enfim o que é o Verbo.

Sobre esse ponto crucial, temos à nossa disposição, na fronteira dos dois Testamentos, esclarecendo um e outro, o texto iniciático constituído pelo Prólogo de João. Esse prólogo não é algo isolado. Ele não foi posto por acaso ali onde se encontra, vindo não se sabe de onde. Tampouco se trata da interpretação de um teólogo genial, destinada a nos fazer compreender o que é, segundo ele, o Verbo de Deus. O Prólogo constitui, em verdade, o resumo e a conclusão do Evangelho de João. Qualquer que seja a data de sua redação definitiva e completa, esse Evangelho provém, como os outros, de uma compilação de textos primitivos, os mais primitivos sem dúvida. Compilação formada de um conjunto de notas que relatam as próprias palavras de Cristo ouvidas por um discípulo que acompanhava o Mestre durante os últimos meses de sua existência terrestre. A redação dessas notas por "aquele que Jesus amava" deve ter-se seguido imediatamente à Paixão e morte de Cristo. Essas últimas palavras de Cristo são recolhidas no Evangelho de João, do qual o Prólogo apresenta um resumo fulgurante. Deixando para os exegetas o cuidado de comentar, do ponto de vista linguístico e histórico, a sucessão dos versículos do Prólogo, limitamo-nos aqui a lembrar algumas de suas afirmações essenciais.

De acordo com a primeira, Deus é Vida. É o que a análise das palavras de Cristo nos ensinou. Assim se confirma o vínculo do Prólogo com o ensinamento direto de Cristo. Apreendamos imediatamente uma implicação muito séria dessa tese: ela deixa de lado a questão da existência de Deus, na qual se concentram a filosofia e a teologia especulativas. As declarações joaninas liminares não se preocupam absolutamente com essa questão. Mergulhando sem dificuldade na natureza oculta da divindade, elas nos dizem o que ela é: a Vida. Mas, se Deus é Vida, seguem-se duas consequências decisivas: de um lado, sabemos o que é Deus. Não o sabemos por nosso pensamento, segundo razões capengas de um entendimento que se põe, sem que se saiba por que, a refletir sobre Deus e, esforçando-se para apreender algum aspecto dele, não vê justamente nada. *Nós sabemos que Ele existe porque somos viventes e porque nenhum vivente é vivente se não trouxer em si a Vida não como um segredo desconhecido dele, mas como isso mesmo que ele experimenta sem cessar, como isso em que ele se experimenta, como sua própria essência e sua própria realidade.* Se Deus é Vida, então, como dirá mestre Eckhart, o homem – esse vivente na vida que cada um de nós é – é "um homem que conhece Deus" (*ein Gott wissender Mensch*).[1] Essa afirmação singular é, ademais, formulada diversas vezes por Cristo na sequência do Evangelho de João: "Já não vos chamo servos, porque o servo não sabe o que seu senhor

---

[1] *Traités et Sermons.* Trad. F. A. e J. M. Paris, Aubier Montaigne, 1942, sermão n. 10, p. 169.

faz; mas eu vos chamo amigos, porque tudo o que ouvi de meu Pai vos dei a conhecer" (15,15). A afirmação do conhecimento de Deus pelo homem é mais forte ainda, devolvida à sua imanência radical, em todos os textos em que Cristo profetiza a unidade de todos os que estarão nele, um com ele, como ele próprio é um com o Pai (cf. Capítulo X, p. 139).

Não podemos esquecer, todavia, uma distinção que se impôs a nós ao longo de nossas reflexões precedentes: a que separa uma vida finita como a nossa da vida infinita que é a de Deus. Uma vida finita é uma vida incapaz de se dar a si mesma a vida, de se pôr a si mesma na condição maravilhosa de ser um vivente. Nossa vida não é seu próprio fundamento. Vimos que, vivendo de uma vida finita, nossa carne é marcada por uma falta, achatada por necessidades e desejos que recomeçam sem cessar. Nenhuma água pacifica nossa sede. Uma questão tremenda se apresenta a nós: *Como o que é em si desprovido do poder de viver pode, no entanto, viver? Entregue a si mesma, uma vida finita é impossível. Precisamente porque não traz em si o poder de viver, nossa vida só pode viver na vida infinita que não cessa de lhe dar a vida*. Nenhuma vida finita poderia estar separada dessa vida todo-poderosa em que vive: ela ruiria no nada. Como a vida infinita de Deus dá a vida a toda vida finita, a esses viventes que somos, é uma questão a que nos esforçaremos por responder. A solução supõe, porém, que se responda antes a outra pergunta, muito mais difícil, e que parece ultrapassar os limites de nossa inteligência: *Como a vida infinita, a vida todo-poderosa capaz de se pôr a si mesma na vida, cumpre em si a obra eterna de se dar a vida a si mesma?* Porque é somente tal vida, em seu todo-poder, que é suscetível de dar, por sua vez, a vida a todos os viventes.

É a essa última interrogação que o Prólogo responde. Tendo identificado Deus com a Vida, João compreende essa Vida absoluta como o movimento eterno em que ela vem a si, isto é, se engendra a si mesma. A autogeração da Vida é, assim, sua vinda à condição que é a sua, a de experimentar-se a si mesma. Ora, nenhuma experiência de si é possível se não advém nela a *Ipseidade* em que a vida se revela a si – de tal modo que nessa revelação de si, nessa autorrevelação, ela se torna Vida. Mas a Vida absoluta não é um conceito, uma abstração: é uma vida real que realmente se experimenta a si mesma. Isso porque a Ipseidade em que ela se experimenta é também uma Ipseidade efetiva e real: é um Si real, o Primeiro Si Vivente em que a Vida absoluta se experimenta efetivamente e se revela a si. Porque nele se cumpre essa autorrevelação, esse Primeiro Si Vivente é seu Verbo, sua Palavra. É assim que a autogeração eterna da Vida gera nela seu Verbo, o "Filho único primogênito" em que ela se experimenta e se ama eternamente a si mesma. Igualmente, o Filho se experimenta e se ama eternamente nessa vida que o engendra engendrando-se a si mesma. Para dizê-lo em linguagem mais concisa: Deus se engendra como seu Verbo. Deus engendra seu Verbo como a si mesmo. À maneira de João: "nele [no Verbo] era a vida (Deus)" (Prólogo).

O Verbo não advém, portanto, ao termo do movimento da Vida absoluta, como se fosse produzido por ele. Mas, ao contrário, o movimento pelo qual a Vida absoluta vem eternamente a si cumpre-se na e pela geração, nela, de seu Verbo; é nele que, experimentando-se a si mesma e revelando-se a si, ela se faz Vida. Deus se revela em seu Verbo. O Verbo não vem depois da Vida porque está nela isso em que ela chega a si, se revela a si e desfruta de si. Assim, o Verbo é consubstancial e contemporâneo à vida, tão antigo quanto ela. "No princípio era o Verbo."

"No princípio era o Verbo e o Verbo estava com Deus e o Verbo era Deus. (...) nele era a vida" (versículos 1-4). Acrescentemos algumas precisões indispensáveis a essas proposições de densidade demasiado grande. Estar com Deus quer dizer: estar em Deus. O processo de autogeração da Vida absoluta como geração, nela, de seu Verbo é um processo radicalmente imanente. Seu movimento permanece em si em seu próprio cumprimento, nunca sai de si, não se deixa jamais. É precisamente porque o Verbo se toca a si em cada ponto de seu ser que ele não cessa de se experimentar a *si mesmo* nesse Si; é porque ele gera constantemente a este que ele é dado à vida de ser esta revelação de si em que consiste o "viver" de toda vida real.

Aqui se desvenda para nós uma distinção essencial entre esse processo de geração e o da criação. A criação é a criação do mundo; consiste na abertura deste horizonte de exterioridade, desse "Fora" onde tudo se torna visível mostrando-se a nós fora de nós – como exterior, portanto, como diferente, como outro. A criação é sempre uma criação extrínseca: põe o que cria fora dela. Em toda forma de criação, trate-se de criação artística, artesanal ou industrial, é fácil reconhecer essa estrutura de exteriorização que foi e que é a do mundo em sua criação por Deus.

Que a vida seja estranha a essa e a toda exterioridade possível, que nada a separe de si, que ela não esteja nunca fora de si porque senão, cessando de experimentar-se a si mesma, ela cessaria de ser a vida, eis o que a subtrai no princípio a toda criação possível. *A vida é incriada. Estranha à criação, estranha ao mundo, todo processo que confere a Vida é um processo de geração.* Processo imanente em que a Vida permanece no Vivente que ela gera e não põe jamais fora dela. É assim que, no processo de autogeração da Vida absoluta como geração nela de seu Verbo, a Vida permanece nele – nesse Verbo em que ela se experimenta a si mesma, se revela a si e desfruta de si. Mas, como nesse processo em que não há criação nem mundo, em que nada é posto fora de si, tudo permanece em si, tudo é imanente, deve-se então dizer: assim como a Vida permanece em seu Verbo, no qual ela se experimenta a si mesma, também o Verbo permanece nessa Vida que se experimenta nele e na qual ele se experimenta a si mesmo. Assim, o Pai (a Vida todo-poderosa que se autoengendra) permanece em seu Filho (o Verbo em que essa Vida se engendra experimentando-se a si mesma e revelando-se desse modo a si), assim como o Filho (esse Filho em que a Vida se experimenta e se ama a si mesma infinitamente) permanece nesta Vida (que se experimenta nele de modo que ele se experimente nela).

Assim, eles estão um no outro, o Pai em seu Filho e o Filho em seu Pai segundo uma interioridade recíproca (cada um experimentando-se, vivendo, amando-se no outro) que é uma interioridade de amor, que é seu Amor comum, seu Espírito.

Dizíamos que, situado na cesura dos dois Testamentos, o Prólogo de João esclarece um e outro. Uma palavra apenas sobre a maneira como ele torna possível, retroativamente, uma leitura correta do Gênesis. Essa leitura permanece, com efeito, o mais frequentemente inocente. Em primeiro lugar, ela considera esse texto uma descrição empírica das origens da espécie humana sobre a terra, sem relação com tudo o que a ciência pode ensinar-nos hoje. Na verdade, o Gênesis nos propõe algo completamente diferente: *a primeira análise verdadeira e rigorosa da condição humana*. Em vez de se prender a uma apresentação exterior de fatos, ele remonta à possibilidade interior da existência de um ser que é um homem. Ora, se se considera mais atentamente essa análise, vê-se que ela se desdobra: *o homem é ali compreendido de duas maneiras – a partir da ideia de criação, mas também a partir da ideia de geração*. Por um lado, Deus criou o mundo como exterior a ele – o mundo assim como todas as coisas que se mostram em sua exterioridade, incluído o homem. Este é então interpretado como o faz ainda o objetivismo contemporâneo, seja ele o do senso comum ou o da ciência: como um ser-do-mundo, explicável a partir deste.

Como não ver que a essa interpretação normal se superpõe outra, de fato totalmente diferente? Segundo a afirmação fundamental do Gênesis (1,26), *Deus fez o homem à sua imagem e semelhança*. Por conseguinte, a substância de que é feita a realidade humana é a própria realidade divina: *sendo Deus Vida, o homem é um vivente*. A compreensão deste implica que se substitua a relação extrínseca ao mundo por outra relação, a da Vida com o vivente como relação de imanência radicalmente estranha ao mundo. É essa relação imanente da Vida com o vivente que o Prólogo descreve. Ele a descreve no lugar onde ela se produz originariamente: ali onde a Vida absoluta se engendra a si mesma, engendrando nela o Primeiro Vivente. Mais ainda: como esse processo de autogeração da Vida enquanto geração, nela, do Primeiro Vivente é o processo em que a vida se revela a si, João compreende este Primeiro Vivente como aquele em que a Vida absoluta diz o que ela é: o Verbo de Deus, sua Palavra. Eis por que essa palavra em que se cumpre a autorrevelação imanente da Vida difere completamente da palavra do mundo. Não é o menor dos paradoxos constatar uma vez mais que ela permanece desconhecida dos filósofos, dos linguistas e de numerosos exegetas.

Mas chegou o momento de nos lembrarmos do que dizíamos igualmente do Prólogo: que ele é o resumo do Evangelho de João. As teses que ele formula são, por conseguinte, uma síntese das numerosas palavras de Cristo de que esse Evangelho é o memorial atemporal. Por um lado, o Prólogo confirma essas palavras em que, de modo confesso ou oculto, Cristo declara que ele é a Palavra de Deus. Por outro lado, e inversamente, pode-se dizer que as palavras de Cristo transcritas por esse Evangelho confirmam a verdade do Prólogo. Elas atestam que a proveniência deste não é, em absoluto, estranha aos textos cristãos primitivos, nem cântico nem fragmento de filosofia vindo de outro lugar e posto por acaso no início de um conjunto compósito. Da relação evidente entre o Prólogo e o Evangelho que se segue a ele não se depreende apenas uma constatação histórica de importância. Na circularidade que se estabelece entre eles, a verdade que os percorre cresce vertiginosamente. E, com ela, a possibilidade de compreender esses textos decisivos recebe um acréscimo de poder.

Mas em que consiste essa nova inteligibilidade? Num simples aumento da clareza oferecida à nossa razão e exigida por ela? Mais do que de um progresso, não se tratará de uma mudança de natureza, da passagem a um tipo de inteligibilidade radicalmente diferente, se é verdade que a palavra que nos fala já não é a do mundo? A Encarnação do Verbo na carne de Cristo, segundo o versículo 14 do Prólogo,[2] não designará Aquele que fala na sequência do Evangelho como a própria Palavra da Vida? É o próprio Cristo quem nos diz que sua Palavra é a de Deus, desse Deus que é Vida. Ora, as múltiplas declarações que formulam de modo diverso essa afirmação não são, justamente, simples afirmações. Elas se inscrevem numa rede de implicações que compõem o que chamamos de discurso de Cristo sobre si mesmo e que terminam na *definição pelo próprio Cristo d'Aquele que ele é*.

A primeira justificação da identidade entre a Palavra de Cristo e a de Deus se fundamenta nisto: à diferença dos homens, que, na fé de evidências parciais, provisórias ou simplesmente enganosas, falam de uma multiplicidade de coisas dispersas no mundo e na história – e, portanto, sem relação com a Vida absoluta de Deus –, Cristo conhece essa Vida, Cristo conhece a Deus: "(...) eu te conheci (...) tu me enviaste (...)" (João 17,25). A razão do conhecimento de Deus por Cristo é, assim, imediatamente avançada: é sua origem. "(...) saí de Deus e dele venho" (João 8,42). Uma expressão como "aquele que me enviou" e que sempre designa a Deus volta sempre, sem cessar (cf. João 4,34; 5,24.30; 6,29.39.57; 7,16.18, etc.). Ora, essa origem não é o simples ponto de partida de uma existência suscetível de separar-se dela. Para Cristo, o Céu é sua morada verdadeira, aquela que ele é o único a conhecer, de onde ele vem, para onde ele vai retornar. É porque permanece nessa origem em que ele é consubstancial à Vida da qual é a autorrevelação que ele a conhece, que ele é a sua Palavra.

Assim se esclarece uma série de proposições concernentes ao *testemunho* dado por Cristo, ao *ensinamento* difundido por ele. Toda referência ao testemunho humano, à necessidade de uma pluralidade de testemunhas tal como exigido pela Lei, é aqui posta de lado porque já não se trata de uma palavra humana, potencialmente mentirosa,

---

[2] Consagramos uma obra recente (*Encarnação: Uma Filosofia da Carne*. São Paulo, É Realizações, 2014) ao problema capital da Encarnação, cuja análise não cabe nos limites do presente trabalho.

mas da Palavra da Vida que se testemunha a si mesma porque é sua autoatestação. Assim se afirma a segunda testemunha reclamada pelos fariseus, o Pai. "(...) também o Pai, que me enviou, dá testemunho de mim" (João 8,18). E, porque o Pai é a Vida que, em sua autorrevelação, fala em Cristo, então a palavra de Cristo diz a Verdade. "(...) aquele que me enviou é verdadeiro e digo ao mundo tudo o que dele ouvi" (8,26).

Desse modo, a natureza do ensinamento de Cristo é claramente definida. "Minha doutrina não é minha, mas daquele que me enviou" (João 7,16). "(...) falo como me ensinou o Pai" (8,28). Donde o motivo dado por Cristo da pertinência do julgamento que decorre desse ensinamento. Essa justeza vem do fato de esse ensinamento e esse julgamento não procederem de uma vontade particular, mas da vontade de Deus. "(...) eu julgo segundo o que ouço, e meu julgamento é justo, porque não procuro a minha vontade, mas a vontade daquele que me enviou" (5,30). Há ainda uma prova – à qual voltaremos longamente porque concerne, desta vez, ao próprio homem – da origem divina da palavra de Cristo. E essa prova resultará, ela também, do fato de o ensinamento de Cristo não vir dele, mas de Deus: "Se alguém quer cumprir sua vontade, reconhecerá se minha doutrina é de Deus ou se falo por mim mesmo" (7,17; cf. Conclusão, p. 155).

Descobriremos, então, a complexidade da progressão com que Cristo se identifica com a Palavra de Deus. Complexidade aparente em um sentido, porque obedece a uma espécie de estratégia que já vimos em ação em várias ocasiões. O que Cristo vai dizer aos homens é tão surpreendente, tão inadmissível para eles (sejam judeus ou gregos), que ele faz uso de um circunlóquio. Em vez de afirmar desde o início que ele é a Palavra de Deus – desse Deus que, enquanto Vida e autorrevelação de si, é a própria Palavra originária –, Cristo opera uma espécie de dissociação entre sua própria palavra e a de Deus. O que ele faz é repetir o que ouviu Deus dizer. Essa dissociação é constante nos textos que acabamos de citar: "Minha doutrina não é minha (...)"; "falo como me ensinou o Pai (...)"; "se meu julgamento é verdadeiro, é porque comigo está o Pai que me enviou", etc. Mas, enfim, que relação tem ele com aquele que o enviou? Não será ele apenas um profeta, inspirado pelo Espírito e diferente dele? Que profeta teria a pretensão de ser Deus?

Ora, eis um texto mais que estranho: no momento mesmo em que a dissociação entre a palavra de Cristo e a de Deus parece, mais uma vez, dada, é bruscamente abolida. Cristo declara que não veio julgar o mundo, mas salvá-lo. É a figura emocionante do Cristo de piedade, aquele que perdoa e não cessa de perdoar, que surge diante de nosso espírito. Todavia, a sequência é implacável: "Se alguém ouvir minhas palavras e não as guardar, eu não o julgo (...). Quem me rejeita e não acolhe minhas palavras *tem seu juiz: a palavra que proferi é que o julgará no último dia*" (12,47-48; destaque nosso). A palavra de Cristo já não é aqui a do homem de piedade. Tampouco é uma palavra aprendida de outro e repetida: é com a Palavra de Deus mesmo que Cristo identifica a sua, porque este é idêntico àquele.

A identidade entre a Palavra de Cristo e a de Deus reflete, assim, a identidade entre Cristo e Deus mesmo. Sabe-se que essa identidade, designada mais frequentemente sob o título de unidade, atravessa todos os sinópticos. Ela é como que martelada por João. Não só essa unidade é proclamada de modo reiterado – "Eu e o Pai somos um" (10,30) –, mas João mostra a maneira como ela se produz: na imanência de que resulta a interioridade recíproca em virtude da qual o Filho está no Pai, que está no Filho. Sucede, porém, que essa interioridade recíproca, não é João quem a professa no que seria uma explicação ou interpretação tardia. João não faz senão transmitir as palavras do próprio Cristo, palavras que fomos levados a citar em diversas ocasiões. A Filipe: "Não crês que estou no Pai e o Pai está em mim?" (14,10). "Como tu, Pai, estás em mim e eu em ti (...)" (17,21). É em virtude dessa interioridade recíproca que a unidade entre o Pai e o Filho é o que é, não uma unidade extática e abstrata, mas a violência de um amor originário em que cada um encontra no outro sua realidade e sua alegria. E isso na ausência de qualquer exterioridade – lembremos este texto essencial: "(...) me amaste antes da fundação do mundo" (17,24) –, na interioridade sem divisão em que se estreita a vida. É esse desfrute de si no outro que é expresso pelas últimas palavras de Cristo, é ele quem define a relação originária entre a Vida e o Primeiro Vivente. É ele ainda quem explica, a cada vez, a extrema humildade de que o Filho dá prova com respeito ao Pai, mas também, consequência inevitável de sua unidade, *a pertença ao Filho de tudo o que pertence ao Pai, no caso a vida e o poder de dá-la* (cf. Capítulo X, p. 139).

Estamos, pois, diante do que procurávamos: a legitimação definitiva das palavras de Cristo sobre si mesmo. Enquanto essas palavras são interpretadas como palavras do mundo em relação com um referente exterior a que são incapazes de dar existência, a dúvida subsiste. Na qualidade de Verbo, todavia, Cristo fala uma palavra de todo diferente, a Palavra da Vida. Ele *é* essa Palavra. A partir de então, a Verdade dessa palavra deixa de ser problemática. A realidade que ela enuncia não lhe é de modo algum estranha, já não é um correlato diferente dela, à qual estaria impotente para dar existência. Assim como o sofrimento não diz nada além do sofrimento, *a realidade de que fala o Verbo de Vida é a Vida mesma de que ele é a autorrevelação, a realidade efetiva*: "nele era a vida".

Na medida em que Cristo é o Verbo de Deus, as objeções dirigidas por seus inimigos ao que ele diz a respeito de si mesmo – a saber, que ele é o Messias e o Verbo – perdem todo sentido possível. A eles, Cristo não pode, com efeito, senão retorquir: "(...) quem me glorifica é meu Pai, de quem dizeis: 'É o nosso Deus'; e vós não o conheceis, mas eu o conheço; e, se eu dissesse 'Não o conheço', seria mentiroso, como vós. Mas eu o conheço (...)" (8,54-55). Enquanto, com efeito, ele é o Verbo, *Cristo não é senão o conhecimento que Deus tem de si mesmo*, ou seja, segundo os termos rigorosos a que nos esforçamos por nos cingir, *a autorrevelação da Vida absoluta*.

Desse modo, a legitimação das palavras pronunciadas por Cristo a respeito de si mesmo é absoluta, assim como essa Vida absoluta de que ele é a autorrevelação.

Mas, se Cristo é, enquanto Verbo, essa autorrevelação que se atesta a si mesma, de sorte que não tem necessidade de nenhum testemunho diferente do dele mesmo, a questão permanece aberta: onde reside *para nós* essa legitimação definitiva que Cristo é *em si mesmo*? Nós, estes viventes que só vivemos de uma vida finita, de que testemunho disporemos? Do seu, do de suas palavras? Como sabermos, nós, que não somos Cristo, que Cristo é o Verbo e que suas palavras são as da Verdade? Como, em outros termos, ouvir a Palavra de Deus *sabendo que ela é a de Deus, sabendo que Aquele que a profere é seu Verbo*?

Apresentam-se aqui incontestáveis dificuldades, que compreendemos tanto melhor porque resultam de nossa própria condição, a de uma vida finita que não traz em si sua própria justificação.

Capítulo IX

Palavras de Cristo sobre a dificuldade dos homens ouvirem sua Palavra

A dificuldade para o homem de ouvir a Palavra de Deus é um tema constante do ensinamento de Cristo. Ela aparece tanto quando Cristo se dirige aos homens para lhes falar deles como quando ele lhes fala de si mesmo. Quem mais que ele devia estar consciente dessa dificuldade, ele, que conhecia os homens – "Mas eu vos conheço (...)" (João 5,42)? E quem, por outro lado, constituía algo uno com essa Palavra que ele veio fazê-los ouvir para arrancá-los da idolatria e restabelecê-los na Aliança? Ao longo de sua vida pública, Cristo esbarrou na incompreensão de seus ouvintes. Não apenas dos mais maliciosos e hipócritas, cuja hostilidade, que muito rapidamente se transformou em ódio, iria persegui-lo até o fim. Os mais modestos e até os mais ingênuos tiveram manifestamente muita dificuldade para compreender o que Cristo lhes dizia, dado que era a eles que eram feitas as revelações mais decisivas. Que se repense no diálogo com a Samaritana, à qual Cristo acaba de declarar: "Se conhecesses o dom de Deus e quem é que te diz: 'Dá-me de beber', tu é que lhe pedirias e ele te daria a água viva" (João 4,10). Lembre-se a resposta tocante da mulher: "Senhor, nem sequer tens vasilha e o poço é profundo; de onde, pois, tiras essa água viva?" (João 4,11). Um fariseu tão instruído como Nicodemos não se mostra, é verdade, muito mais atilado. A Cristo, que lhe diz: "(...) quem não nascer de novo não pode ver o Reino de Deus". Disse-lhe Nicodemos: "Como pode um homem nascer sendo já velho? Poderá entrar uma segunda vez no seio de sua mãe e nascer?" (João 3,3-4).

Não é a inteligência mais ou menos desenvolvida de seus interlocutores o que leva Cristo a recorrer a essa forma literária muito particular que é a parábola. É a natureza da realidade sobre a qual ele os quer instruir o que motiva a inversão de nossas formas habituais de pensamento. Este se cinge ao mundo visível, cujas estruturas ele segue e repete. Vimos também que a linguagem comum se apoia no aparecer desse mundo em que se mostra tudo o que essa linguagem pode nomear, se se crê nesse preconceito, mais vivo hoje que nunca. Todavia, Cristo falava de uma vida invisível, a Vida eterna que é a sua, aquela também que é dada como herança a todos os viventes. A tarefa a que devem responder as parábolas se mostra agora a nós com toda a clareza. A partir de uma história na maioria das vezes surpreendentemente breve e concisa, que se passa no mundo e é contada na linguagem do mundo, a parábola sugere leis, tipos de relações que já não são as do mundo, mas da vida – no duplo sentido, a vida que nós experimentamos em nós mesmos como nossa própria vida e aquela que, nela, não cessa de dá-la a ela mesma e de fazê-la viver: a Vida eterna. O projeto da parábola é, pois, estabelecer uma analogia entre dois universos, o do visível e o do invisível, o do finito e o do infinito, de tal maneira que uma série de acontecimentos que se produzam no primeiro nos incite a conceber o segundo, o Reino de Deus.

Muitas parábolas põem em jogo esta estrutura de analogia expressa diretamente pelo texto ao enunciar: "Acontece com o Reino de Deus o mesmo que com o homem que lançou a semente na terra: ele dorme e acorda, de noite e de dia, mas a semente germina e cresce, sem que ele saiba como" (Marcos 4,26-27). "O Reino dos Céus é semelhante a um grão de mostarda(...)" (Mateus 13,31; cf. Lucas 13,18-19, Marcos 4,30-31). "O Reino dos Céus é semelhante ao fermento que uma mulher tomou e pôs em três medidas de farinha (...)" (Mateus 13,33; Lucas 13,20). "O Reino dos Céus é semelhante ao tesouro escondido no campo; um homem o acha e torna a esconder e, na sua alegria, vai, vende tudo o que possui e compra aquele campo" (Mateus 13,44).

Outras parábolas em que a comparação não é explicitamente formulada pressupõem, no entanto, essa analogia. Trata-se sempre, a partir de um estado de coisas ou de fenômenos que se originam na experiência comum, de ir para o que não se conhece ou ainda não se vê senão através de um véu, como "uma imagem obscura num espelho", segundo a expressão de Paulo. A finalidade do ensinamento de Cristo não se desmente nunca: elevar o espírito dos homens fazendo-os desapegar-se dos assuntos do mundo, marcados pelo signo da efeméride e da vaidade, para abri-lo à única coisa que importa.

Uma parábola, porém, distingue-se das demais; ela já não tem por objetivo a revelação progressiva do Reino de Deus nem do meio para alcançá-lo. Uma possibilidade prévia, que define precisamente o objeto de nossa pesquisa, é nela abordada: a de ouvir a Palavra de Deus, isto é, compreender o conjunto das parábolas por meio das quais Cristo se esforça por nos fazer conceber os segredos do Reino. Encontramo-nos diante de uma reflexão de Cristo sobre as próprias parábolas, sobre sua eficácia, ou seja, sobre nossa aptidão para apreender-lhes o sentido, afinal de contas. Não é por acaso que ele escolhe desvelar numa parábola a possibilidade de ouvir a Palavra de Deus, mas também os obstáculos que se opõem à sua escuta.

Trata-se da parábola bem conhecida do semeador, parábola simples e, todavia, crucial, se é verdade que de sua compreensão depende a de todas as outras, como afirma explicitamente a versão de Marcos: "Ele disse-lhes: 'Se não compreendeis essa parábola, como podereis entender todas as parábolas?'" (Marcos 4,13). Essa é a razão por que Cristo se preocupa em produzir uma explicação dela, reportada nos três sinópticos, e cuja clareza aparente não poderia dissimular o alcance.

O que o semeador semeia, com efeito, é a Palavra de Deus. "O semeador semeia a Palavra" (Marcos 4,14). "A semente é a palavra de Deus", diz igualmente Lucas (8,11). "Alguém ouve a Palavra do Reino (...)" (Mateus 13,19). Na parábola, o solo em que cai a semente é apresentado, sucessivamente, como beira do caminho (de modo que, esmagada por pés, não se enraíza e os pássaros a comem), lugares pedregosos (privada de umidade, ela seca e morre), cheia de espinhos (ela é sufocada por seu crescimento), e, por fim, boa terra, onde ela cresce e dá fruto – *sendo a semente a Palavra de Deus, o lugar onde ela é recebida é o nosso "coração"*. A natureza variável do solo figura, assim, as diversas maneiras segundo as quais o coração se comporta com relação a essa Palavra constitutiva de seu ser. Na medida em que a palavra forma o coração do homem, este está predestinado a recebê-la. A boa terra designa o coração na pureza de sua condição original, a do Filho gerado na autorrevelação da vida. As outras situações evocadas descrevem as diferentes formas do mal que desnaturam a condição original do coração, de modo que a recepção da Palavra não pode cumprir-se no lugar mesmo de sua efetuação – e ela é rejeitada.

Num resumo impressionante, o próprio Cristo define as diferentes figuras do mal. A primeira, realmente assustadora, concerne àqueles que ouvem a Palavra de tal modo que, no mesmo instante em que a ouvem, surge o mal que aniquila sua escuta. Tudo se passa como se a palavra nunca tivesse sido falada, como se ela nunca tivesse sido ouvida – como se o Verbo, vindo, porém, à casa dos seus, não tivesse sido recebido. O mal não é aqui algum princípio anônimo e impessoal, mas é alguém, é animado por uma vontade própria, persegue um fim determinado: a interdição da salvação. Escondido em nosso próprio coração, livre como nós, talvez ele sejamos nós mesmos.

A segunda figura do mal concerne àqueles que, tendo ouvido a Palavra e tendo-a acolhido com alegria, todavia não a guardaram. Não trazendo em si a força da Palavra, são incapazes de enfrentar uma provação e, quando ela chega, "logo sucumbem" (Mateus 13,21). Escandalizar-se quer dizer revoltar-se ao descobrir que há uma provação, e que essa provação lhe é infligida. Pois é evidente que essa provação é um mal e que esse mal não pode vir daquele que se escandaliza. De onde vem? Dos outros? Mas os outros se encontram na mesma situação; também eles se escandalizam. Resta que a provação e o mal venham de Deus. O escândalo atinge aqui seu ponto limite. Como Deus quis ou ao menos permitiu semelhante coisa? Como crer em Deus depois de Auschwitz? Então Deus não existe. E o homem fica com a provação, com o mal, com Auschwitz às costas. Já não há terceiros a quem acusar! Já nada nem ninguém diante de que ou de quem escandalizar-se – senão o homem. E é assim mesmo. Segundo a afirmação de um humilde padre da diocese de Nantes, Deus não se ocupa dos assuntos humanos, Deus fala ao coração. Na fulgurante parábola de Cristo, escandalizar-se quer dizer isto: acusando, desencadeando o tumulto do ódio em seu coração, lançando anátema contra outro e precisamente contra Deus, que não existe, já não ouvir sua palavra!

Somos então remetidos à terceira figura do mal, a mais imediata e a mais difundida, aquela também que deixa ver mais claramente seu enraizamento no coração. Se é nessa autodoação da vida absoluta que reside a própria doação de nossa própria vida, sua autorrevelação em nosso Si, que é também nosso coração, então essa doação é efetivamente a de uma vida que nos é própria, que é a nossa, a de um eu singular que é o meu – ou o teu –, que me pertence para sempre, ao qual essa vida pertence para sempre. "Se conhecesses o dom de Deus (...)."

Dom tão extraordinário e maravilhoso, que devemos reconhecê-lo em suas formas mais simples e mais concretas. Consideremos a título de exemplo os poderes de nossa carne tais como nós os vivemos em nossa existência cotidiana. Seja o poder subjetivo de preensão – o de pegar um objeto, levantá-lo, lançá-lo – ou ainda o poder de mover-se, de levantar-se, de caminhar, etc. O exercício de cada um desses poderes me aparece sob a forma de um comportamento objetivo – por exemplo, a mudança de lugar de minha mão em direção ao objeto que ela quer segurar –, mas isso não é mais que sua aparência no "fora" do mundo. Em si mesma, a realização de um poder corporal qualquer é uma atividade subjetiva interiormente sentida e vivida num sentimento de esforço, cumpre-se em nós em nossa carne e lhe pertence. Estar em condições de exercer um poder, deter a capacidade de poder, "poder poder", como diz Kierkegaard, só é possível àquele que, instalado no interior desse poder e constituindo algo uno com ele, é assim capaz de fazê-lo passar a ato cada vez e tão frequentemente quanto queira – livremente. A liberdade não é uma ideia abstrata, uma afirmação gratuita: é esse poder concreto, efetivamente experimentado e vivido, de pôr em jogo o conjunto dos poderes que estão, assim, à nossa disposição. Nossa liberdade constitui algo uno com este Eu Posso fundamental que habita cada um dos poderes de nossa carne, mas também de nosso espírito (tais como formar uma imagem, um conceito, interromper uma associação de ideias, etc.). Esses diversos poderes só diferem entre si por seu teor específico, mas a capacidade de poder inerente a cada um e permitidora de sua passagem a ato lhes é comum.

Ora, como esses diversos poderes – e, antes de tudo o de exercê-los – me são dados, de modo que são os meus, os de minha própria vida? Essa é uma questão que não tem nada de artificial se refletimos sobre esta situação incontestável: eu disponho de cada um desses poderes – abrir os olhos, estender a mão, mover-me a mim mesmo –, mas não fui eu que me dei a mim mesmo esses poderes, assim como não dei a mim mesmo meu próprio eu ou minha própria vida. Sou forçado a reconhecer, com relação tanto a cada um desses poderes como em relação ao poder fundamental que me permite fazer uso deles, minha total impotência, se é verdade que eles me são dados independentemente de meu poder e de minha vontade. Como eles são me dados? Do mesmo modo como minha própria vida e meu próprio eu: na autodoação da Vida absoluta.

A afirmação categórica de Cristo é essa impotência radical do homem diante de seu próprio poder mesmo quando ele o exerce e o experimenta. Formulada numa circunstância trágica, ela assume um caráter solene que reforça seu alcance universal. Sabe-se que, por ocasião do último processo, diante de um Cristo que se cala obstinadamente, para levá-lo a falar e sem dúvida a se salvar, Pilatos brande sua ameaça: "Não sabes que eu tenho poder para te libertar e poder para te crucificar?". A resposta é incisiva: "Não terias poder algum sobre mim, se não te fosse dado do alto (...)" (João 19,10). Ora, não é somente ao poder do imperador, mas a todo poder, àquele que comanda o mais simples de nossos gestos, que é lembrada, sem concessão, sua impotência: "(...) sem mim, nada podeis fazer" (João 15,5). Em diversas ocasiões, Paulo desenvolverá este tema fundamental do cristianismo: "é Deus quem opera em vós o querer e o operar, segundo a sua vontade" (Filipenses 2,13).

O significado dessa impotência do homem no seio mesmo do exercício efetivo de seu Eu Posso é sua condição de Filho – o fato de que cada um de seus poderes, de que seu eu, de que sua vida não são dados a eles mesmos senão na autodoação da Vida absoluta. Ora, esse dom não é simulacro de um dom, é um dom real, o de uma vida real, de um eu real, de poderes reais. Vividos na experiência indubitável que fazem de si mesmos em seu livre exercício, eles se experimentam como efetivamente livres, e o são. Por conseguinte, o eu que vive constantemente a capacidade extraordinária de pôr em ação cada um desses poderes quando quer toma-se facilmente por sua fonte. Ele imagina que é ele mesmo que se dá tais poderes, que ele os extrai de certo modo de si mesmo cada vez que os exerce. Fonte e fundamento de todos os poderes que compõem seu ser, *ele se considera finalmente como a fonte e o fundamento de seu próprio ser*. Assim se forma a ilusão maior: esse eu insuperavelmente passivo diante de si mesmo, sempre já dado a si mesmo na vida, situado nesta vida independentemente de seu próprio querer, ei-lo considerado a seus olhos como um Sujeito todo-poderoso, senhor de si mesmo, príncipe de certo modo absoluto de sua condição de vivente, de seu eu, do conjunto de suas capacidades e de seus talentos. "Minha vida é minha" ou, como se diz hoje, "Meu corpo é meu. E consequentemente faço dele o que eu quiser". Em vão se ergue a admoestação de Paulo: "Que possuis que não tenhas recebido? E, se recebeste, por que haverias de te ensoberbecer como se não o tivesses recebido?" (1Coríntios 4,7). Atribuir a seu próprio eu não apenas a disposição dos poderes que encontra em si, mas o poder de dar-se a si mesmo todos esses poderes e, finalmente, o de se trazer a si mesmo a esse eu que se é e em sua própria vida, é essa a crença propriamente delirante que Paulo ainda denuncia: "Se alguém pensa ser alguma coisa, não sendo nada, engana a si mesmo" (Gálatas 6,3).

A ilusão que faz do ego o fundamento de si mesmo não falseia apenas o modo como o homem se representa a si próprio e, por conseguinte, sua relação com o mundo e as coisas. Ela subverte muito profundamente o lugar onde estamos dados a nós mesmos na Vida absoluta e que é nosso "coração". Dissimulando para si mesmo essa relação interior com a vida divina em que é engendrado, na qual ele permanece todo o tempo em que vive, o coração torna-se cego a respeito de si mesmo. Surdo à palavra da Vida que não cessa de lhe falar de si ao mesmo tempo que lhe fala de sua própria vida cotidiana, sua vida finita. Insensível às pulsões do amor que ela lhe comunica. Endurecido, arrojado em si mesmo, fechado nesse ego monádico que se toma doravante pela única realidade, colocando-se no centro de tudo o que lhe advém – reduzindo-se toda experiência à sua, a de um ego finito. Desse coração cego à verdade, surdo à palavra da Vida, cheio de dureza, exclusivamente preocupado consigo mesmo, tomando-se como ponto de partida e fim de suas experiências e de suas ações – é dele que sai o mal.

Se se lê em Marcos e Mateus a lista dos males vindos do coração, é surpreendente constatar que todos eles se inscrevem no que chamamos de "sistema do humano" e que é, em verdade, um sistema do egoísmo. Cada um deles, com efeito – assassinatos, adultérios, roubos, falsos testemunhos, difamações... –, entra no círculo da reciprocidade, que, como se viu, não possui em si mesma nenhum valor, pois que é tanto reciprocidade do ódio, do ressentimento ou da inveja quanto da benevolência ou do amor. Por que, todavia, todas as modalidades da existência citadas naquelas passagens surgem do mal? É o que a análise da subversão do coração humano nos ensinou. Considerando como nada a relação interior com a vida em que é engendrado, o eu se toma por esse ego-sujeito que subsiste por si e não deve nada a ninguém. Colocando-se no centro do campo de suas experiências – aquelas que ele faz de si mesmo, de seu corpo, dos outros –, ele pode lançar-se para fora de si em direção a todas as coisas que o preocupam no mundo, transformando-as em ídolos. Na verdade, reportando tudo a si e procurando em tudo exclusivamente seu próprio prazer, é a si mesmo que ele idolatra. No erotismo, por exemplo, que não é para ele senão um autoerotismo a dois, a reciprocidade é tão somente uma aparência. E, mesmo quando ele se rebaixa e se avilta no masoquismo, é ainda e exclusivamente o prazer duvidoso o que lhe importa. Na medida em que tantos se comportam desse modo, o egoísmo, tal como observamos, não é um simples traço de caráter, mas pertence ao sistema do mal, de que ele encarna uma das formas mais consideráveis.

Ora, esse mal vai crescer desmedidamente. E eis como. A ilusão que o eu tem com respeito a si mesmo, tomando-se pela fonte do poder que exerce, não muda nada o fato de que esse poder, assim como esse eu e sua própria vida, só lhe é dado na autodoação da Vida absoluta. Essa autodoação é uma autorrevelação, ela própria absoluta. Luz invisível, Verdade absoluta, é ela que ilumina o coração em seus menores recantos. Seu traço distintivo é a violência – violência tal, que não existe contra ela nenhuma proteção.

Desta Verdade da vida, Cristo nos ensinou, aplicando-as a si mesmo, algumas características decisivas. É por ser a violência de uma autorrevelação sem descanso nem reserva, sem demora nem discurso, que, revelando-se na fulguração dessa Parúsia atemporal, a vida dá imediatamente testemunho de si mesma. Ora, a Verdade da Vida absoluta não é somente condição de todo testemunho absoluto – dispensando qualquer outro testemunho –, mas é também a do Julgamento. Pois tal é o Julgamento de Deus ao qual ninguém escapa, se é verdade que é na Verdade da Vida absoluta, em sua autorrevelação invencível, que cada eu é revelado em seu coração. De sorte que *o Julgamento não é diferente da vinda de cada Si a si mesmo e o acompanha por todo o tempo em que ele vive*. E, como a revelação a si da Vida em cada Si vivente habita cada uma das modalidades de sua vida, de suas alegrias, de suas feridas, dos atos que daí resultam, é cada um desses atos, no próprio momento em que se cumpre, que é conhecido por Deus, bem como suas motivações, confessáveis ou não. Eis por que esse Julgamento a que ninguém escapa é implacável. E a superioridade de Caim sobre os homens de nosso tempo, o que lhe valerá talvez a graça de um inconcebível perdão, é que ele o sabia. Ele o sabia quando desviava o rosto da cólera de Deus. Pois também ele era um Filho, não de Adão e Eva, mas da Luz.

Entre as palavras de Cristo, há as que denunciam o ódio à verdade, e são as mais terríveis. De onde surge esse ódio, acabamos de compreendê-lo. Se cada modalidade de nossa vida, se cada movimento de nosso coração é revelado a si na autorrevelação da Vida absoluta, então todos os pensamentos maus, invejosos, hostis ou criminosos, todos os atos que daí resultam se encontram desmascarados. É ainda João quem relata essas declarações inapeláveis do colóquio com Nicodemos: "quem faz o mal odeia a luz e não vem para a luz, para que suas obras não sejam demonstradas como culpáveis" (3,20). Mas essa Luz que é a Verdade da Vida absoluta, que traz o testemunho e faz o Julgamento, o que é ela senão a autorrevelação desta Vida em seu Verbo? Esse Verbo de Deus de que diz o Prólogo: "Ele [o Verbo] era a luz verdadeira que ilumina todo homem; ele vinha ao mundo. Ele estava no mundo e o mundo foi feito por meio dele, mas o mundo não o reconheceu. Veio para o que era seu e os seus não o receberam" (versículos 9-11). É porque o Verbo é a revelação sem restrição que ilumina o segredo dos corações que os homens votados ao mal odeiam o Verbo – esse Verbo que veio ao mundo para trazer-lhe a Verdadeira Luz e salvá-lo. De modo que, para os que recusaram essa Luz, a salvação se tornou sua condenação. O que é dito pelo contexto do colóquio: "Este é o julgamento: a luz veio ao mundo, mas os homens preferiram as trevas à luz, porque suas obras eram más. Pois quem faz o mal odeia a luz (...)" (3,19-20).

A esse ódio ao Verbo vindo ao mundo para salvá-lo, o Evangelho de João volta como a um tema lancinante. Após a ressurreição de Lázaro, Cristo, como se sabe, foi condenado à morte uma primeira vez. Ele entra na clandestinidade, retira-se para a Galileia, evita a Judeia, onde as autoridades judias buscam capturá-lo e matá-lo. Seus próximos, que não creem nele, pressionam-no, ao contrário, a se fazer reconhecer por suas obras e a se manifestar a todos. O que quer dizer ir a Jerusalém, onde a morte o espera. É então que o próprio Cristo define com toda a clareza sua relação com o mundo: "Meu tempo ainda não chegou; o vosso, porém, sempre está preparado. O mundo não vos pode odiar, mas odeia-me, porque dou testemunho de que suas obras são más" (João 7,6-7). Que esse ódio à verdadeira Luz encarnada em Cristo se estenda a todos os que, tendo-a recebido, tornados Filhos da Luz, darão por sua vez testemunho, é isso o que João igualmente reporta: "Se o mundo vos odeia, sabei que, primeiro, me odiou a mim. Se fôsseis do mundo, o mundo amaria o que era seu; mas, porque não sois do mundo e minha escolha vos separou do mundo, o mundo, por isso, vos odeia". Que esse ódio a Cristo, de que todos os que o tiverem recebido serão vítimas, seja em verdade um ódio à Verdadeira Luz de que Cristo é a Palavra, afirma-o a sequência do texto: "Quem me odeia, odeia também meu Pai. Se eu não tivesse feito entre eles as obras que nenhum outro fez, não seriam culpados de pecado; mas eles viram e nos odeiam, a mim e a meu Pai. Mas é para que se cumpra a palavra escrita na sua Lei: Odiaram-me sem motivo" (João 15, respectivamente, 18-19 e 23-25).

É, pois, quando entra na luz da Verdade que o mal se torna pecado. No pecado, o mal desdobra-se de algum modo. Longe de se reconhecer como mal sob o brilho dessa luz devastadora, é contra ela que o mal se volta. O que advém no escândalo. O escândalo que inverte a acusação, já sem deixar essa luz implacável desmascará-lo, mas levando o mal a seu limite, ao pecado supremo, que já não é o simples mal, mas a denúncia da Luz, a negação de Deus.

Como uma brasa que não se extingue nunca, a Luz continua a queimar o coração de Caim. Em sua irradiação incandescente, já não é somente um eu que se consome, é ela que brilha no esplendor de sua Parúsia atemporal. É para salvar o que estava perdido que o Verbo se encarnou. Como então, a despeito do mal, para além dele, através dele, ainda é possível ao homem ouvir sua Palavra?

Capítulo X

Palavras de Cristo sobre a possibilidade
dos homens ouvirem sua Palavra

Quando, diante das mais assombrosas palavras de Cristo pelas quais ele se iguala a seu Pai, o problema (sem cessar levantado por seus contraditores) de sua legitimidade se apresentou, optamos por interromper a análise de seu conteúdo. Diante de uma dificuldade que parecia insuperável para nós, não convinha interrogar sobre o teor das declarações consideradas blasfematórias, mas antes sobre a natureza da Palavra que as proferia? Essa não se apresentava como uma palavra radicalmente diferente, vinda de outro lugar: a Palavra de Deus? Se uma Palavra pode justificar as declarações em que Cristo se diz o Verbo de Deus, sua Palavra, não é precisamente esta?

Refletindo sobre a natureza da Palavra considerada em si mesma, vimos como e por que ela foi interpretada tradicionalmente como "palavra do mundo". Essa palavra do mundo é, então, aos olhos da maior parte dos homens, a que eles falam desde que foram ensinados a falar. É ela, pensam, que lhes permite comunicar-se entre si. É essa identificação da palavra humana com a palavra do mundo que denunciamos. Se o homem é um vivente gerado na vida, se ele é seu Filho, não trará necessariamente em si, além da capacidade de falar das coisas do mundo que lhe vêm de sua abertura a este último, uma palavra mais antiga, a da vida em que ele é revelado a si mesmo e que não cessa de fazer dele um vivente? Como contestar essa presença em nós da palavra da vida? Os homens não falam constantemente de si mesmos? Seja uma frase como esta: "Depois do que se passou, sinto-me cada vez mais desencorajado". Considerada em sua objetividade, tal proposição pertence certamente à linguagem do mundo. Ela é composta de palavras portadoras de significados que se relacionam a um referente exterior: os acontecimentos a que se faz alusão por um lado, e por outro esse indivíduo que se encontra no quarto e acaba de expor, à esposa ou a um amigo, seu desânimo.

Mas já não fomos obrigados a fazer esta pergunta: tais significados, de onde vêm eles? Seria possível formar o significado "desânimo" se, em algum lugar diferente de um "mundo", algo como um desânimo não se tivesse experimentado a si mesmo na autorrevelação imanente e patética da vida? Assim como esse "Si", esse "eu" que se diz desanimado, de onde vem também ele – senão, como indica o Prólogo de João, do movimento interior pelo qual a Vida absoluta se engendra gerando o Primeiro Si em que se experimenta a si mesma, sem o qual nenhuma vida, nenhum vivente, nenhum "eu" seria concebível? Assim, enquanto a palavra do mundo, que encadeia seus significados sem que nenhum termo seja assinalado em seu discurso, tagarela, outra palavra já falou em nós. É a palavra da vida que não cessa de dizer a cada um sua própria vida, que ele exprime em seguida ou não na linguagem da conversação, linguagem que é também a dos textos escritos, dos livros – das Escrituras.

Ora, essa presença da palavra da vida não se deixa reconhecer tão somente quando os indivíduos falam de si mesmos. No caso mais frequente, em que eles se preocupam com os acontecimentos deste mundo a ponto de suas declarações serem calcadas sobre estes últimos e se confundirem com suas múltiplas peripécias, a palavra da vida não cessa de falar sob esse discurso mundano e de sustentá-lo secretamente. Seja outra proposição: "Diante da casa, o caminho está completamente esburacado, vai ficar impraticável". Aquilo de que se fala é tudo menos uma "coisa", uma coisa do mundo; é uma coisa da vida, o objeto de um trabalho, a resposta a uma necessidade. Assim, a palavra do mundo pode muito bem tornar-se prisioneira do universo do visível, mergulhar-nos no estupor ante os múltiplos bens e vantagens que ela é apta a fazer cintilar diante de nossos desejos, e é a estes últimos que devemos voltar se quisermos compreender algo da atividade comum dos homens e do que eles dizem dela.

Essa referência constante da palavra do mundo a uma palavra que a precede e de que ela é tão somente uma expressão, muito frequentemente disfarçada, basta para fazer explodir o preconceito mais antigo concernente à linguagem. *A palavra dos homens não se reduz em absoluto a uma palavra do mundo: ela é antes de tudo a da vida.* É assim que cai uma primeira dificuldade relativa à possibilidade para nós de compreender as últimas palavras de Cristo sobre ele mesmo, palavras em que ele se identifica com o Verbo. Dizer, com efeito, segundo o ensinamento de Cristo, que o homem é Filho de Deus é, repitamo-lo, dizer que ele tem em seu nascimento na vida sua condição de vivente. Um vivente na vida, experimentando-se em múltiplas impressões, emoções, ações e pensamentos, dados a si mesmo na autorrevelação da Vida absoluta, isto é, em seu Verbo. Como, por conseguinte, ele não traria em si essa palavra da vida que está em ação em tudo o que ele experimenta, quando fala de si próprio, das coisas do mundo, ou quando se cala?

Já não é então um abismo o que se abre entre a Palavra de Cristo – aquela, notadamente, pela qual ele declara ser o Verbo – e a palavra que fala em nós. Ao contrário, elas estão ligadas uma à outra por uma afinidade decisiva, sendo uma e outra palavras da Vida. Não será tal afinidade a que une viventes à vida que vive neles e que não cessa de lhes dar a vida – entre os Filhos de Deus e Deus mesmo? Semelhante afinidade não se constrói progressivamente ao longo de nossa história; não resulta de nossos esforços, mas os torna possíveis. Está inscrita em nosso nascimento atemporal, nesta vinda de cada um a si mesmo que é sua revelação a si na autorrevelação da vida. Aquele que nasceu da vida ouve a Palavra da vida. É essa predestinação nativa de cada um a ouvir essa Palavra que o texto iniciático de Paulo desvela: "(...) os que de antemão ele conheceu, *esses também predestinou* (...)" (Romanos 8,29; destaque nosso).

Que essa afinidade entre a condição de Filho e a escuta da Palavra se dê no início explica o fato de ela atravessar o Antigo Testamento antes de receber sua revelação plena na Palavra de Cristo. Consideremos, a título de exemplo, o extraordinário diálogo que se estabelece entre Deus e Caim: "Onde está teu irmão Abel?" (Gênesis 4,9). Deus sabe o que Caim fez, como ele matou Abel, onde escondeu seu cadáver. É, com efeito, na autorrevelação da Vida absoluta que se cumpre a autorrevelação constitutiva do "coração" de Caim, fazendo deste último aquele que sabe o que faz, sente e experimenta. É assim que tudo o que Caim sabe – tudo o que ele faz, sente e experimenta –, Deus também o sabe. Para dizer à maneira dos místicos: o Olho pelo qual Deus vê Caim e aquele pelo qual Caim se vê a si mesmo é um só e mesmo Olho. O que é afirmado em sua simplicidade pela sentença indelével de Cristo: "Deus vê no segredo". Que Deus saiba tudo o que Caim sabe, precisamente porque o saber que Caim tem de si mesmo não é outro senão o saber que Deus tem de Caim, é o que, por essa mesma razão, Caim também sabe. Literalmente atingido no coração pela palavra fulminante de Deus, Caim tenta fazer-lhe face. De seu desassossego nasce a insolência suprema: "Acaso sou guarda de meu irmão?" (ibidem). Mas como escapar de uma verdade constitutiva de seu ser? Caim esconde o rosto e, para ficar separado de uma verdade que é, ao mesmo tempo, a de Deus e a sua, privado de todo e qualquer vínculo assim na terra como no céu, ele parte à deriva, numa errância sem fim através do que não tem outro nome senão "trevas exteriores".

A identidade entre a compreensão imediata que Caim tem da Palavra de Deus a lhe desvelar seu crime e a que ele tem de si mesmo tem um significado absolutamente geral. Elas demonstram a possibilidade de princípio para o homem de compreender a Palavra de Deus. Mas o termo compreensão é aqui impróprio. Pois não se trata de um conhecimento no sentido habitual. A compreensão se opera num encadeamento de ideias, de significações que se tornam válidas a partir do momento que se pode percebê-las numa evidência que procede do ver, isto é, da palavra do mundo. Completamente diferente é a possibilidade que o homem tem de ouvir a Palavra de Deus se ela reside em sua condição de Filho de Deus ou, como ainda o dizemos, em seu nascimento atemporal. Ela significa que a vinda do homem à condição de se experimentar a si mesmo e de se revelar a si se cumpre na autorrevelação da Vida absoluta em seu Verbo. Em outros termos, a possibilidade que o homem tem de ouvir a Palavra de Deus lhe é consubstancial. E isso concerne, em primeiro lugar, à Palavra de Cristo enquanto Verbo, essa Palavra da Vida em que todo vivente advém a si mesmo. Por conseguinte, a legitimidade da Palavra de Cristo que fala dele mesmo e afirma que ele é o Verbo não é fundada somente para ele sobre sua própria condição de Verbo. Ela vale também para todos aqueles em quem esta Palavra fala – para todos os Filhos.

Uma dificuldade que nos parecia insuperável é assim afastada. Afastada, porém, apenas para deixar lugar para outra. Esse lugar de seu nascimento atemporal, onde cada um dos Filhos é revelado a si na autorrevelação da Vida absoluta em seu Verbo – esse lugar é seu coração. Esse coração de onde procede o mal. As diversas parábolas que concernem a este último, notadamente a parábola do semeador, descreveram suas diferentes modalidades. Em sua forma limite, expressamente designada como pecado, produz-se uma estranha inversão. A Verdade da palavra que ilumina o coração e constrói sua relação interior com Deus é que vai subitamente de encontro a essa relação. É então que ressoa a fabulosa antítese que Cristo lança em rosto de seus contraditores: *"Mas, porque digo a verdade, não credes em mim"* (João 8,45; destaque nosso).

Desse texto difícil, já analisamos a leitura formulada pelo próprio Cristo. É porque a Verdade desmascara o mal que este a rejeita. Acrescentemos esta observação: quando o mal veio a odiar a verdade, não rompeu todos os laços com ela; ao contrário: é ela que motiva seu ódio. Assim, a relação do coração com a Verdade subsiste no coração do abismo. Suponhamos agora que essa relação seja devolvida à sua pureza original, o coração ao seu nascimento atemporal na Palavra da Vida. Em todo caso, sopre o mal sopre o ódio em seu coração, ou reencontre este sua pureza nativa, a relação do vivente com a vida, do coração com a palavra que o engendra depende da natureza desta Palavra em que tudo foi feito. É ela que devemos aprofundar.

Voltemos, uma vez mais, à oposição da Palavra da Vida à do mundo. Esta última fala do que se mostra a ela na exterioridade do mundo; refere-se a um conteúdo exterior a que é incapaz de dar existência. A Palavra da Vida, ao contrário, não deve nada ao mundo. O poder de revelação em que repousa é o da vida – não sendo a Palavra da Vida senão a autorrevelação desta, seu Verbo. Segue-se que a Palavra da Vida fala não das coisas ou do mundo, mas da própria Vida. Ou melhor, fala a vida; o que ela diz, ela não o põe nunca fora de si, mas o guarda em si como a um bem de que nunca se desfaz, pois é sua própria vida.

Essa situação singular concerne tanto à Vida absoluta de Deus quanto à nossa própria vida finita. Com efeito, assim como a Vida absoluta se experimenta a si mesma no Primeiro Si vivente de tal modo que tanto ela permanece nele quanto ele permanece nela, assim também, como cada vivente só é dado a si nessa autorrevelação da Vida em seu Verbo, tanto ele permanece nela quanto ela permanece nele. Como a imanência da Vida em cada vivente não pode ser rompida durante todo o tempo em que ele viva, cada vivente se encontra constituído em si mesmo como aquele que, no momento mesmo de seu nascimento atemporal – e por tanto tempo quanto efetivamente viver – ouve em si a Palavra da Vida, que, não cessando de dá-lo a si mesmo, não cessa de lhe falar sua vida.

Objetar-se-á: que homem ouve em si tal palavra? Seria ele como Joana d'Arc, de que se diz que "ouvia vozes"? Essa pergunta irônica – ou outras mais veementes, a dos fariseus a Cristo: "Onde está teu Pai?" (João 8,19), ou ainda declarações contemporâneas mais trágicas, dando-se como simples constatações, como a de Kafka: "O céu é mudo:

ele não é senão o eco do mutismo" – só se esquece de uma coisa: *a natureza da Palavra* que eles apostrofam invocando-lhe um mutismo e que, no entanto, fala, mas de modo completamente diferente do que eles pensam, de sorte que efetivamente eles não ouvem nada.

Ouvir, escutar, nós compreendemos antes de tudo esses termos emprestando-lhes uma significação limitada, inocente. Ouvir, escutar quer dizer para nós ouvir com nossos ouvidos, com o sentido da audição. O sentido da audição, no entanto, só pode ouvir o que ressoa fora de nós, no mundo: os sons, os barulhos deste mundo ou as palavras que os humanos trocam entre si e que são também complexos sonoros percebidos no mundo. O mesmo se dá com a visão: só se vê o que se torna visível diante de nós, no mundo. Quanto ao tato, só tocamos aquilo que se dá a tocar, fora de nós, no mundo. Nossos sentidos são poderes que nos lançam no mundo, abrindo-nos a ele e a tudo o que se mostra nele, fora de nós. Ouvir, escutar, assim compreendidos, são modalidades da palavra do mundo que nos fala do que se mostra a nós fora de nós no mundo. Antes de podermos ouvir o que ela nos diz desse modo, dando-o a ouvir no mundo, a palavra do mundo fala. Falar, nesse caso, quer dizer proferir sons graças ao órgão fonador. É somente quando tais sons foram produzidos por nós ou por outros que podemos ouvi-los, eventualmente escutá-los. A mesmo título que ouvir ou escutar, falar é aqui uma modalidade da palavra do mundo. Falar, com efeito, é tomar a palavra, elevar a voz, fazê-la retinir *no mundo*, de tal modo que, soando e ressoando nele, possa ser ouvida nele. Em todos os casos, o aparecer que é a condição da palavra, tanto da que fala como da que se ouve ou se escuta, não é outra coisa senão esse aparecer do mundo.

Totalmente diferente é, pois, a Palavra da Vida. Em sua autorrevelação, ela fala de si mesma, e isso, nós o vimos, em cada uma de suas modalidades. O sofrimento diz seu sofrimento; a angústia, sua angústia. Ela fala de si mesma, nunca de outra coisa, nunca do mundo. Mas, antes de tudo, *ela não fala no mundo*. Por isso é impossível ouvi-la aí. A palavra da vida é inaudível. Ninguém nunca a ouviu do modo como se ouve um ruído do mundo, um som que nele ressoa. Ninguém nunca a ouviu com os próprios ouvidos, utilizando o sentido da audição. Quem alguma vez ouviu seu sofrimento ou sua alegria utilizando o sentido da audição? *Não se tem acesso à vida, à sua própria vida, à dos outros, à de Deus, por meio dos sentidos.* Os que ingressam nos conventos para melhor ouvir a palavra de Deus não esperam ouvi-la como ouvirão o ruído da fonte no pátio do claustro, ou o silêncio do pátio quando a fonte se tiver calado. O silêncio do claustro não é senão a ocasião, fazendo calar os barulhos do mundo, de ouvir outro silêncio, que não é feito da diminuição do número de decibéis ou de sua ausência. Não é um silêncio em que não há barulho, é *um silêncio em que não pode haver barulho*, porque ali onde se estabelece nenhum sentido está em ação, nenhum ouvido, e assim já não há nenhum som possível. Esse silêncio, porém, não é o do mutismo, mas aquele em que fala a plenitude sem ruptura e sem falha da vida.

Onde fala a vida? No coração. Como? Em sua autorrevelação patética imediata. No coração tem-se tudo o que se encontra edificado em si mesmo segundo essa estrutura da autorrevelação que define a realidade humana: impressões, desejos, emoções, vontades, sentimentos, ações, pensamentos. O "coração" é a única definição adequada do homem. Tudo o que é estranho a essa estrutura fenomenal da autorrevelação – a matéria através de suas múltiplas formas e de suas diversas construções – não procede da ordem humana.

Todavia, tudo o que se apinha no coração humano – essas emoções, esses desejos, essas ações – não constitui uma totalidade autônoma, repete-o incansavelmente o ensinamento de Cristo. Nossa vida, essas tonalidades em que se transforma são incapazes de dar a vida a si mesmas. Também o Si que as habita é desprovido do poder de levar-se a si mesmo a esse eu que ele é. Essa impotência nativa se deixa reconhecer em cada um de seus poderes, nenhum dos quais se concedeu a si mesmo o poder de se exercer. "Não terias poder algum sobre mim, se não te fosse dado do alto (...)" Os poderes de nossa vida, de nosso Si, são finitos. Sabemos mas também experimentamos o que isso significa: eles não são concedidos a si mesmos senão na autodoação da Vida absoluta, que é sua Palavra.

Dar nossa vida a ela mesma, nosso Si a ele mesmo, e isso em sua autorrevelação patética, é, para a Vida absoluta, engendrá-los. A vida divina repete para cada vivente a obra que ela cumpre para si mesma, gerando o Primeiro Si, no qual, experimentando-se este a si mesmo, ela se revelou a si nessa autorrevelação que é sua Palavra. É, pois, um novo caráter da palavra o que se revela para nós: *sua onipotência*. Esse traço decisivo da Palavra do Verbo ilumina toda a vida de Cristo, só ele explica *por que não há nenhuma diferença entre a palavra de Cristo e sua ação*. Em razão dessa onipotência, cada palavra de Cristo é identicamente uma ação, e cada uma de suas ações, mesmo quando não acompanhada de nenhum comentário, é uma revelação.

É assim que, no episódio do leproso que vem prostrar-se diante de Jesus, palavra e ação vão juntos. "Ele estendeu a mão e, tocando-o, disse: 'Eu quero. Sê purificado!'" (Lucas 5,13; Marcos 1,41; Mateus 8,3). A palavra intervém sozinha quando, em Cafarnaum, o funcionário real suplica a Cristo que vá curar seu filho, que está morrendo. Jesus lhe responde: "'Vai, teu filho vive'. *O homem creu na palavra que Jesus lhe havia dito*" (João 4,49-50; destaque nosso). O poder da palavra sozinha aparece ainda mais evidentemente no relato da cura do servo do centurião: "Senhor, não te incomodes, porque não sou digno de que entres em minha casa (...). Dize, porém, *uma [só] palavra* (...)" (Lucas 7,6-7; Mateus 8,8; destaque nosso). Em outras ocasiões, como nas bodas de Caná, o papel da palavra se limita a breves indicações práticas. "Enchei as talhas de água. (...) levai ao mestre-sala" (João 2,7-8). Às vezes, enfim, como no lava-pés, a ação em sua extrema simplicidade parece bastar-se a si mesma. Ela é seguida, no entanto, de uma mensagem profética e misteriosa, ao fim da qual a Palavra remete bruscamente a si mesma, à onipotência daquele que fala: "Digo-vos isso agora antes que aconteça, para que, quando acontecer, creiais que *Eu, Eu sou*" (João 13,19; destaque nosso).

É em razão dessa onipotência que lhe pertence porque é a do Verbo que a Palavra de Cristo se opõe tão radicalmente à do mundo. O próprio desta, como dissemos, é sua incapacidade de pôr na existência o conteúdo exterior a que ela se refere pelo fato mesmo de que, aberta ao mundo, fala das coisas do mundo – sem poder criá-las. Enquanto Verbo, entretanto, a palavra de Cristo não se opõe somente à do mundo. Vimos, com efeito, que, longe de reduzir-se a essa palavra do mundo, a palavra humana é inicialmente uma palavra da vida. Sob suas formas mais simples, nossa linguagem maneja múltiplas significações que provêm da vida, como quando dizemos: "tenho fome", "entedio-me", "tenho medo", etc. Mas nossa vida é finita, desprovida do poder de se dar a si mesma a vida. *Por essa razão, também sua palavra é finita, incapaz de conferir realidade àquilo de que ela fala*. Aquele que diz: "Eu sou, eu existo, eu vivo", não é quem se trouxe a si mesmo à maravilhosa condição de ser vivo. Muito pelo contrário, é necessário que ele já esteja na vida para estar em condições de formular a seu respeito qualquer proposição do gênero das que citamos. Por isso é preciso reconhecer que a palavra da vida, na medida em que se trata de uma vida como a nossa, permanece marcada pela mesma impotência com respeito a si mesma que a palavra do mundo com respeito às coisas.

Ao contrário, é aureolada de seu poder sem limites que a palavra de Cristo jorra a cada vez, suscitando sempre o estupor em torno dela. Esse poder se reveste de um caráter cósmico quando Cristo ordena à tempestade que se acalme. Assim como o conteúdo extraordinário das Bem-aventuranças conduz aqueles que as ouvem a perguntar-se sobre a pessoa cuja onisciência ultrapassa todo saber humano, assim também o poder não menos extraordinário ligado à sua palavra produz, "em ricochete", a questão sobre Aquele que detém tal poder. "(...) e diziam uns aos outros: 'Quem é este a quem até o vento e o mar obedecem?'" (Marcos 4,41; Mateus 8,27). É esse mesmo poder misterioso sobre a essência oculta das coisas o que transparece no episódio em que se vê Pedro, afundando nas ondas, pedir socorro ao

Senhor (Mateus 14,25-33), e nos grandes "sinais" que são a mudança da água em vinho em Caná ou na multiplicação dos pães.

Mais amiúde, todavia, o poder de Cristo se exerce sobre o coração, visando produzir nele uma transformação radical, uma "purificação". Trata-se da eliminação do mal e do restabelecimento, ali mesmo onde se realiza, da relação originária do vivente com Deus. É assim que a modificação trazida à ordem das coisas – a brusca interrupção de uma doença, de uma enfermidade e até da morte – não é, com efeito, senão um "sinal" da onipotência de Cristo. Esta se refere, em última instancia, à inevitável mediação do Verbo em toda geração de um vivente na vida – não advindo a vida a si senão no Si do Primeiro Vivente que ela gera em si como seu Verbo, e experimentando-se cada vivente a si mesmo, por sua vez, no Si desse Verbo. Tal como se diz no Prólogo: "Tudo foi feito por meio dele e sem ele nada foi feito" (João 1,3).

Essa subordinação da transformação das coisas à purificação do coração, e desta à geração do vivente em toda a onipotência do Verbo de Deus, ressalta de um dos episódios cruciais do Evangelho, o do paralítico a quem Cristo acaba de dizer: "Homem, teus pecados estão perdoados". Aos fariseus que gritam ao blasfemo: "Não é só Deus que pode perdoar pecados?", conhece-se a resposta que atravessou os séculos: "Que é mais fácil dizer: Teus pecados estão perdoados, ou: Levanta-te e anda?". A cura do paralítico é apenas o sinal de uma obra mais originária, a do perdão: "Para que saibais que o Filho do Homem tem o poder de perdoar pecados na terra". E é então que Cristo se dirige ao paralítico: "Eu te ordeno (...) levanta-te" (Lucas 5,20-24; Marcos 2,5-11; Mateus 9,3-6). Perdoar os pecados é fazer de modo que o que foi já não o seja, ou que o que não era, ou já não era, exista, restituído a seu esplendor inicial. O poder de perdoar os pecados, como objetavam os fariseus, descobre-se, com efeito, como apanágio de Deus. E Cristo acaba de se revelar detentor de tal poder: dar a vida, restabelecê-la ali onde está desnaturada ou perdida.

É aqui que, identificando-se sem contestação possível com a Palavra onipotente de Deus, Cristo reivindica esse poder. É aqui também que, cumprindo esse dom da vida, sua Palavra deixa ver em si o inconcebível poder de que nenhum homem jamais dispôs. Suas declarações são inapeláveis. "(...) quem escuta a minha palavra (...) tem a vida eterna" (João 5,24). "(...) vem a hora – e é agora – em que os mortos ouvirão a voz do Filho de Deus, e os que ouvirem viverão" (5,25). "Se alguém guardar minha palavra, jamais verá a morte" (8,51). Às ovelhas da parábola do bom pastor: "(...) eu lhes dou a Vida eterna" (10,28). Porque detém o inconcebível poder de dar a vida, a Palavra da Vida é uma ação de dar essa vida: de engendrá-la no nascimento atemporal de todo vivente, de ressuscitá-la quando ela já não é. É assim que, fazendo nascer um grande temor, Cristo ressuscita o filho de uma viúva em Naim, e depois a filha de Jairo, o chefe da sinagoga. Dá-se, enfim, a ressurreição de Lázaro, e a palavra sem idade dita a Marta: "Eu sou a ressurreição. Quem crê em mim, ainda que morra, viverá. E quem vive e crê em mim jamais morrerá" (João 11,25-26). Repete-se, assim, ao longo da existência histórica de Jesus, a promessa feita à Samaritana – essa promessa que a palavra de vida cumpre desde a origem dos tempos e que é a doação de uma vida livre de toda limitação: "(...) quem beber da água que lhe darei, nunca mais terá sede. Pois a água que eu lhe der tornar-se-á nele fonte de água jorrando para a vida eterna" (João 4,14).

Sendo a Palavra da Vida, o Verbo nunca se separou dela. Por isso se vê essa unidade do Verbo e de Deus, que constitui um dos temas essenciais da palavra de Cristo sobre ele mesmo, ser reafirmada por ele a cada vez que se exerce seu poder assombroso de dar a vida. Pois esse poder não é outro senão o da Vida absoluta de vir à vida, de se engendrar a si mesmo engendrando o Filho. Assim, o poder que o Filho exibe é o mesmo que o Pai exibe nele, de modo que eles operam, um e outro, na geração eterna da vida. Tal é o conteúdo da réplica severa dirigida por Cristo ao legalismo derrisório dos fariseus que o reprovavam por ter curado um paralítico num sábado – depois de terem reprovado o homem curado nesse mesmo dia por levar sua maca! "(...) Jesus lhes respondeu: 'Meu Pai trabalha até agora e eu também'" (João 5,17). É então que nos é transmitida por João uma das maiores revelações de Cristo: em sua subordinação total ao Pai, em sua mais extrema humildade, cumpre-se sua identidade com ele, sua própria divindade. "Em verdade, em verdade vos digo: o Filho, por si mesmo, nada pode fazer, mas só aquilo que vê o Pai fazer; tudo o que este faz, o Filho o faz igualmente (...). Como o Pai ressuscita os mortos e os faz viver, também o Filho dá vida a quem quer" (João 5,19.21). É preciso, pois, restabelecer o versículo 24: "quem escuta a minha palavra e crê naquele que me enviou tem a vida eterna", juntá-la ao versículo 25 – "(...) os mortos ouvirão a voz do Filho de Deus, e os que o ouvirem viverão" – e ao versículo 26: "Assim como o Pai tem a vida em si mesmo, também concedeu ao Filho ter a vida em si mesmo (...)". É depois de ter lembrado em diversas outras passagens sua imanência na vida todo-poderosa do Pai – "Por mim mesmo, nada posso fazer" (ibidem 5,30) – que Cristo, cuja palavra se revela cada vez mais evidentemente como a do Verbo, se atribui a totalidade dos poderes do Pai: "(...) tudo o que é meu é teu e tudo o que é teu é meu" (ibidem 17,10). Vêm então as grandes declarações líricas, já citadas, que celebram a imanência da Vida todo-poderosa no Verbo em que ela se experimenta e se ama eternamente, nele, o Cristo, que se experimenta e se ama eternamente em seu Pai, nessa interioridade recíproca de Amor que constitui a origem e o princípio de toda vida.

Ora, o Evangelho não é um tratado metafísico sobre o dinamismo interno da vida divina; ele está voltado para os homens. A Encarnação do Verbo deu-se para eles, a Palavra de Deus é-lhes destinada. Se entre as palavras dirigidas aos homens se fazem ouvir algumas que não lhes falam deles, mas de Cristo, é porque este se encontra na obrigação de justificar o que lhes diz, e que é efetivamente muito estranho. Mas a razão essencial concerne à sua salvação, e isso porque ele mesmo é essa salvação – uma salvação que consiste na partilha entre todos os viventes de uma alegria sem limite, que provém da interioridade recíproca entre a Vida e o Primeiro Vivente.

É essa extensão a todos os viventes da relação interior de amor entre o Pai e o Filho o que Cristo pede numa de suas últimas preces ao Pai: que sua comunidade de amor retome em si todos os que, nascidos da Vida, são chamados a reviver em si o eterno processo da geração do Vivente na Vida. Então estará cumprida a condição de Filho, tal como será percebida treze séculos depois na visão fulgurante de mestre Eckhart: "Deus se engendra como eu mesmo", "Deus me engendra como ele mesmo" (Sermão n. 6).

Recordemos alguns fragmentos desta última prece: "Pai santo, guarda-os em teu nome que me deste, para que sejam um como nós". "Não rogo somente por eles, mas pelos que, por meio de sua palavra, crerão em mim: a fim de que todos sejam um. Como tu, Pai, estás em mim e eu em ti, que eles estejam em nós (...). Eu lhes dei a glória que me deste para que sejam um, como nós somos um: Eu neles e tu em mim, para que sejam perfeitos na unidade (...)" (João 17,11.20-23).

Com a proximidade da morte, que contribui para lhe dar seu tom patético, a palavra de Cristo assumiu então a forma de uma prece. Sua onipotência seria repentinamente flagrada em falha? Aquilo de que necessita toda palavra, ainda que seja a de Deus, não é ser ouvida? A possibilidade para o homem de ouvir a Palavra de Deus reside em sua condição de Filho, aberto a essa palavra em seu nascimento atemporal. O que se opõe, nele, à sua escuta é, sem dúvida, o mal, mas também a liberdade que lhe foi dada ao mesmo tempo que a vida. Acerca da escuta reservada à sua palavra, Cristo, como vimos, não acalentava nenhuma ilusão: "Com efeito, muitos são chamados, mas poucos escolhidos" (Mateus 22,14). É sobre essa escuta da Palavra pelo homem que devemos nos interrogar adiante, para concluir.

CONCLUSÃO

Escutar a Palavra.
O que Cristo disse na sinagoga de Cafarnaum

Cristo legitimou as declarações extraordinárias que formulou a respeito de si mesmo e que conduzem à afirmação de sua condição divina. Esta se manifesta de múltiplas maneiras, e notadamente na natureza de sua palavra, que é a de Deus. Em linguagem joanina, Cristo é o Verbo. Assim se encontra afirmada sua unidade com Deus. Não falando enquanto homem, não buscando sua própria glória, mas *falando a Palavra de Deus, sendo seu Verbo,* ele se encontra como copertencente ao processo eterno pelo qual a Vida absoluta advém a si revelando-se a si em sua Palavra. Nas palavras que ele pronunciou sobre si mesmo, foi essa Palavra que falou para dizer, afinal de contas, o que ela é.

A legitimação da afirmação de sua condição divina por Cristo não repousa, pois, de modo algum, numa palavra humana, sempre suspeita. Não é porque Cristo disse, com as palavras que empregamos todos os dias na linguagem que é a nossa, "eu estou no Pai e o Pai está em mim", que essa declaração é verdadeira, no domínio da realidade absoluta que é a de Deus. Muito pelo contrário: é porque é assim na realidade absoluta da essência divina, eternamente assim – é porque, nesta geração do Primeiro Vivente, a Vida, experimentando-se nele, se revela a si na revelação de si que é seu Verbo, sua Palavra, é por essa razão, unicamente, que essa Palavra, Arquirrevelação da vida divina, é em si Verdade, essa Verdade originária e absoluta de que todas as demais dependem.

A Palavra de Cristo não é, portanto, apenas uma palavra da vida, em sua oposição estrutural a toda palavra do mundo – uma palavra estranha ao mundo, sem referente exterior, partindo de si mesma, guardando em si o que diz, dizendo a vida do modo como o sofrimento diz o sofrimento e a alegria diz a alegria. A Palavra de Cristo, enquanto é a do Verbo, é a Palavra da Vida: é nela que se cumpre esta Arquirrevelação pela qual, abraçando-se a si mesma, a Vida se engendra a si própria, se faz Vida. Palavra de Vida, autorrevelação da Vida, Verbo de Vida, Logos de Vida – como diz João, resumindo as múltiplas afirmações de Cristo reportadas em seguida ao Prólogo.

Encontramo-nos diante, pois, de nossa última questão. Se o que Cristo diz de si mesmo não é uma *palavra sobre a vida* que teria ainda de provar o que diz, se é a própria Vida que se revela e fala em seu Verbo, de modo que, Palavra e revelação dessa Vida absoluta, ela é a Verdade absoluta que testemunha sobre si mesma, o que é, para nós, essa palavra que é a de Deus? Qual é a nossa relação com ela? Onde fala ela? De que modo? Como podemos ouvi-la? Todas essas palavras de Cristo sobre as quais meditamos não nos são transmitidas mediante um texto escrito, em forma de uma série de proposições? E, ainda quando foram pronunciadas por Cristo diante daqueles que tiveram, sem sempre sabê-lo, o privilégio de ouvi-lo, não eram elas formuladas na linguagem dos homens, seja em aramaico, seja em hebraico? Todas as dúvidas, por conseguinte, não estão novamente aqui? Linguagem humana, a linguagem das Escrituras não remete a um referente exterior a que ela é incapaz de dar existência? Em tal linguagem, somente as declarações verossímeis, conformes à experiência comum, podem reivindicar nosso acordo. Mas, quando Cristo chega a suas declarações surpreendentes – "Em verdade, em verdade, vos digo: se alguém guardar minha palavra, jamais verá a morte" –, não terão toda a razão os "judeus" de ver nele um "possesso"? E quando, ultrapassando toda medida, arrancando-se da condição humana, ele se coloca fora do tempo, antes da história – "Antes que Abraão existisse, Eu Sou" –, o que mais hão eles de fazer, zelosos observadores de sua Lei, além de ir buscar pedras? (João, respectivamente, 8,51.58).

"*Quem é da verdade escuta minha voz*" (João 18,37; destaque nosso). A Pilatos, que, para pôr à prova a acusação dos chefes religiosos, lhe pergunta se ele é rei, Cristo, modificando bruscamente o sentido desse termo, explica *em que consiste sua realeza*: dar testemunho da Verdade, fazer que reine a Palavra de Deus. É nessas circunstâncias precisas que é posta, de modo abrupto, a condição que há de permitir aos homens escutar a palavra. E essa condição consiste *numa conveniência decisiva entre a pertença do homem à Verdade e a natureza da palavra que se trata de ouvir*: a voz de Cristo. A compreensão de semelhante conveniência no que ela tem de decisivo seria difícil se nós não a soubéssemos pelas próprias palavras de Cristo. Não observamos, ao longo destas reflexões, a convergência que se estabelece entre o ensinamento que ele dirige aos homens para lhes dizer o que são e o ensinamento que lhes desvela progressivamente sua natureza divina? Como, então, "pertencer à realidade" permite escutar a palavra de Cristo, *recebê-la como a Palavra do Verbo, isto é, do próprio Deus?*

Pertencer à verdade quer dizer, para o homem, nascer da Vida – da única Vida que existe: a Vida todo-poderosa que se engendra a si mesma. Ele é o Filho desta Vida única que pode dar a vida: "Vós tendes um só Pai". Porque é autorrevelação, a vida é a Verdade, a Verdade originária e absoluta, com relação à qual qualquer outra verdade é secundária. Porque é Filho desta Vida que é Verdade, o homem pertence à Verdade.

Mas a Verdade a que pertence, a verdade segundo o cristianismo, não é a razão anônima e impessoal dos modernos, nem a exterioridade vazia do mundo onde se tornam visíveis as coisas. A verdade é a Verdade da Vida, o impulso em que esta se avança em si mesma, não cessando de jorrar em si, estreitando-se no Primeiro Si, no qual, amando-se nele, que se ama nela, a Vida se revela a si na profundidade e fulguração de sua Parúsia.

Cada vez que um vivente vem à vida em seu nascimento atemporal, esse movimento se repete. É no Si da Vida absoluta, em seu Verbo, que cada Si é engendrado por sua vez: "Tudo foi feito por meio dele (...)". É assim que o homem pertence à Verdade da Vida, pelo fato de ser engendrado em seu Verbo. Quem quer que, engendrado no Verbo, pertença à sua Verdade, ouve a palavra de Deus.

O lugar onde aquele que vem de Deus ouve a palavra de Deus é seu coração. Nesse lugar, a escuta da Palavra constitui algo uno com a geração do homem. Ali, na autorrevelação da Vida em seu Verbo, cumpre-se a autorrevelação que faz o homem no que ele tem de especificamente humano. Ouvir a palavra é, pois, consubstancial à natureza humana. Essa identidade entre a revelação do homem a ele mesmo em seu coração e a revelação de Deus em seu Verbo explica por que Deus vê no segredo dos corações, um dos grandes temas do ensinamento de Cristo dirigido aos homens. Tema decisivo, como vimos, pois que muda completamente o lugar em que se tem o verdadeiro homem, arrancando-o das representações ingênuas que o situam no mundo, onde ele não é mais que um indivíduo empírico submetido a suas leis, esvaziado da interioridade patética que define sua essência própria – simples objeto prometido a todas as reduções a que se assiste hoje: psicológica, sociológica, política, biológica, física, etc.

Ora, essa identidade entre a revelação do homem em seu coração e a revelação de Deus em seu Verbo não é apenas fonte de grandes esclarecimentos lançados pelo Evangelho sobre a natureza humana: ela traz ainda uma solução para nossa última questão. *A possibilidade para o homem de ouvir a palavra de Cristo em seu coração é idêntica à de compreender as Escrituras.* Acabamos de lembrar o obstáculo que essa leitura encontra. As palavras de Cristo, sendo-nos reportadas por textos escritos, não serão atingidas pela dúvida que afeta toda palavra humana, escrita ou oral? Esta não se reporta a um referente exterior a que ela é incapaz de dar a existência?

No caso das Escrituras, essa dificuldade cresce consideravelmente: aqui, o referente sempre mais ou menos problemático da linguagem humana já não existe. Os que pronunciaram as palavras reportadas nos Evangelhos, supondo que as tenham realmente pronunciado, desapareceram, seus rostos se apagam nas brumas da história. As palavras do próprio Cristo, que ressoaram sob o céu da Judeia e da Galileia suscitando a admiração ou a cólera de seus ouvintes, não estão muito longe de nós, pertencendo a um mundo abolido? Supondo, ainda, que elas tenham sido pronunciadas tal como chegaram até nós, que relação há entre a civilização de que são tributárias e esta em que vivemos – que sentido tais palavras ainda podem ter para nós?

No entanto, a palavra de Cristo, que ressoou através dos povoados do país judeu, nas sinagogas de Nazaré e de Cafarnaum, nas estradas da Samaria ou sob as abóbadas do Templo de Jerusalém, é a Palavra do Verbo, a Palavra em que fomos engendrados. Nela, nossa vida veio à vida, cada um é revelado a si para ser este Si irredutível a qualquer outro que ele é para sempre. Essa palavra fala em nós, fala a cada um sua própria vida, e cada um a ouve. Nós não a escutamos como se escuta o ruído do mundo. Nós a escutamos no silêncio em que nenhum ruído é possível, nenhum olhar – no segredo do coração onde Deus vê, onde sua Palavra fala. Cada um o ouve em seu sofrimento e em sua alegria, tanto em seu tédio como através de seu Desejo que não tem objeto na terra. Essa palavra não é nosso sofrimento nem nossa alegria, mas esse estreitamento mais forte do que nós, o poder sem limites que não cessa de jorrar em nós e de nos dar a nós mesmos: é a Palavra de Deus o que ouvimos.

Ora, essa Palavra não fala apenas a cada um em seu nascimento atemporal – ali onde, irmão Primogênito, Ícone da essência divina, cada um é dado a si mesmo na autorrevelação da Vida em seu Verbo. Ela se exprimiu também usando a língua dos homens. E isso adveio duas vezes na história. Ela falou pelos profetas, antes de nos transtornar quando se fez a de Cristo.

Que ela se tenha exprimido pela voz deles é hoje fácil de compreender. Vimos que a palavra humana não fala apenas das coisas do mundo, que, aliás, só têm sentido para nossa vida. A palavra humana fala inicialmente desta vida. Aquele que sofre sempre tem a possibilidade de dizer "eu sofro", usando dessa linguagem feita de sons (de "fonemas") portadores de significados emprestados à sua própria vida, de que elas não são senão representações diversas. Os profetas também falavam da vida, mas não falavam dela de modo ingênuo, como de um conjunto de "fatos psíquicos", empíricos e ocasionais. Porque, no fundo de seu coração desolado diante da idolatria do mundo, rugia a Palavra de verdade que julga o mundo: atravessados por sua cólera, os profetas gritavam aos homens sua indignidade.

A Palavra de Cristo também se dirige aos homens na linguagem que é a deles, fale-lhes deles ou de si mesmo. Ele, que lhes disse coisas tão estranhas sobre eles e sobre si. Mas como, em razão de sua mesma estranheza, crer nessa Palavra? Como saber se o que ela lhes diz é verdade, se não se trata de declarações feitas por um "possesso"? Lembremos ainda uma vez o obstáculo em que esbarra a linguagem comum. Enquanto as proposições que ele formula são verossímeis, conformes à experiência, são críveis – embora não sejam necessariamente verdadeiras. Pelo fato de tratar-se de declarações contrárias à experiência ou totalmente insólitas, como o são as afirmações de Cristo sobre o homem e sobre ele mesmo, instalam-se a dúvida e o ceticismo. É que a linguagem humana se reporta a um conteúdo exterior a ela e ao qual ela é incapaz de dar realidade. Como crer nessa realidade se ela é pouco verossímil e se, ademais, ela não é vista?

Cristo diz aos homens: vós sois os Filhos de Deus, "um só é o vosso Pai". Onde está o referente dessa asserção? *Em nós*. Filhos de Deus é o que somos. Deus é Vida, e nós somos viventes. Haverá em algum lugar viventes que não tragam em si a vida, que não sejam trazidos por ela? Essa não é uma tese filosófica e especulativa. *Nós sentimos e experimentamos a vida em nós como aquilo em que nós vivemos, ainda que sintamos e experimentemos que nós não nos demos esta vida a nós mesmos*. A autorrevelação em que somos dados e revelados a nós mesmos é a Palavra da Vida, é seu Verbo. Assim, somos a prova invencível do que a Palavra nos diz, ali onde ela não cessa de nos dizer nossa própria vida. Aquele que escuta essa Palavra ali onde ela nos fala ouve para sempre, em si, o ruído de seu nascimento. É a ele que a Palavra diz: "Hoje, eu te engendrei".

O extraordinário acordo que se estabelece entre a palavra que Cristo dirige aos homens na linguagem que é a deles e a que gera cada um em seu coração e lhe diz seu próprio nascimento provoca naquele que o reconhecem uma emoção intensa. É essa emoção que os dois discípulos sentem quando, abatidos pela morte e pela crucifixão daquele em que tinham depositado sua esperança, caminham tristemente para a cidade de Emaús. Ao homem que se junta a eles na estrada escura e que parece ignorar tudo do que se passou em Jerusalém, eles participam seu desassossego. "Ele, então, lhes disse: 'Insensatos e lentos de coração para crer tudo o que os profetas anunciaram! Não era preciso que o Cristo sofresse tudo isso e entrasse em sua glória?' E, começando por Moisés e percorrendo todos os Profetas, interpretou-lhes em todas as Escrituras o que a ele dizia respeito." Depois de o terem reconhecido na hospedaria e de ele ter desaparecido de diante de seus olhos, os dois discípulos "disseram um ao outro: 'Não ardia o nosso coração quando ele nos falava pelo caminho, quando nos explicava as Escrituras?'" (Lucas 24,25-32).

O princípio que nos permite compreender as Escrituras é, portanto, o mesmo que legitima as palavras de Cristo sobre si mesmo: é a Palavra do Verbo em nós. Foi ela que ditou aos profetas o que eles clamaram aos homens de seu tempo, e aos Evangelistas os textos em que eles reportaram o que tinham ouvido. A palavra de Cristo enquanto Verbo é, assim, a única fonte que nos abre os textos sagrados à inteligência, é o Espírito que produziu esses textos e que, ao mesmo tempo, funda sua inteligibilidade. Somente o Espírito nos permite conhecer o Espírito.

É essa relação do texto sagrado com o Espírito que resplandece no evento extraordinário ocorrido na sinagoga de Nazaré. Sabe-se que, recebendo o livro de Isaías que se lhe apresentam para fazer a leitura, Cristo o abre na seguinte passagem:

> O Espírito do Senhor está sobre mim, porque ele me consagrou pela unção para evangelizar os pobres; enviou-me para proclamar a libertação aos presos e aos cegos a recuperação da vista (...). [Jesus] enrolou o livro (...). Então começou a dizer-lhes: "Hoje se cumpriu aos vossos ouvidos essa passagem da Escritura" (Lucas 4,18-21).

Aqui, não se visa ao referente da linguagem numa significação irreal e problemática: *ele está ali, tendo-se claramente designado como o Espírito do Senhor*. É, porém, nessa circunstância solene – "Todos, na sinagoga, tinham os olhos fixos nele" – que se produz um dos primeiros enfrentamentos entre Cristo e os "judeus". Enfrentamento redobrado pelas palavras provocantes de Cristo segundo as quais Elias não tinha sido enviado para uma viúva de Israel, mas para uma viúva estrangeira – e no tempo de Eliseu nenhum leproso tinha sido purificado em Israel, mas, sim, um sírio. Palavras que prefiguram seu próprio destino, o do cristianismo voltando-se para os gentios, e lembrados no versículo 11 do Prólogo: "[Ele] Veio para o que era seu e os seus não o receberam".

Por que os habitantes de Nazaré não reconhecem aquele que volta para casa aureolado de um renome espalhado por toda a região? Eles o conheceram criança, é verdade: "nenhum profeta é bem recebido em sua pátria" (Lucas 4,24). Não será, antes, porque esse reconhecimento se faz no coração contanto que este, escapando ao mundo e a seus ídolos, permaneça aberto à Palavra do Espírito – a essa Palavra que eles acabam de ouvir? Conhecemos a explicação dada por Cristo para a surdez humana. "Quem escuta o ensinamento do Pai e dele aprende vem a mim." "Quem é de Deus ouve as palavras de Deus; por isso não ouvis: porque não sois de Deus." Aqui, nesse contexto joanino, radicaliza-se a resposta proposta por Cristo em todos os Evangelhos. No lugar onde se dá a escuta, surge o mal, perturbando ou destruindo a relação constitutiva do coração, sua relação com a Palavra. Esse modo como o mal toma o lugar a ponto de substituir a origem divina por um novo princípio, por *outro pai*, tal é o objeto da denúncia de Cristo: "Vós sois do diabo, vosso pai, e quereis realizar os desejos de vosso pai. Ele foi homicida desde o princípio e não permaneceu na verdade, porque nele não há verdade: quando ele mente, fala do que lhe é próprio, porque é mentiroso e pai da mentira" (João, respectivamente 6,45; 8,47; 8,44). Assim, a geração originária do homem no Verbo é subitamente como que aniquilada, de maneira que a obra da "criação" divina é gravemente comprometida.

Na escuta da Palavra, o destino do homem está, pois, em jogo: "Cuidai, portanto, do modo como ouvis!" (Lucas 8,18). Na escuta, com efeito, quando se cumpre como escuta da Palavra, é ao dom de Deus que o homem é fiel, a esse dom em que ele é dado a ele mesmo na autorrevelação da vida; é à operação desta nele que o homem se entrega. Ele de algum modo mobilizou o que permanece doravante em seu coração como uma aquisição: esse dom.

Se, ao contrário, o homem se toma pelo fundamento de seu ser e de sua ação, se esta não conhece outra lei além de seu prazer – além dele mesmo –, então, nesse egoísmo radical a que a preocupação com o mundo e seus negócios conduz secretamente, a condição do homem é posta de cabeça para baixo. A doação da vida nele, esse dom que o precede sempre, ele o considera, propriamente, nada. Assim se esclarecem estas declarações aparentemente misteriosas, mas de grande rigor: "(...) ao que tem será dado; e ao que não tem, mesmo o que pensa ter, lhe será tirado" (Lucas 8,18; Marcos 4,25; Mateus 13,12).

Aquele que, tendo recebido o dom da Vida, não o esqueceu, mas guarda em si a Palavra e a escuta – é esse, pois, que não cessa de "dar fruto", de fazer crescer sua riqueza, de ainda receber. É a ele que será feita a revelação em que consiste a Palavra. Nos sinópticos, o contexto das declarações surpreendentes que acabamos de ler – a saber, a parábola da lâmpada – afasta qualquer equívoco: "E dizia-lhes: 'Quem traz uma lâmpada para colocá-la debaixo do alqueire ou debaixo da cama?'" (Marcos 4,21). Então se fazem ouvir as declarações grandiosas presentes nas Logia e cujo vestígio se encontra até nos apócrifos. "Pois nada há de oculto que não se torne manifesto, e nada em segredo que não seja conhecido e venha à luz do dia" (Lucas 8,17).

Como o segredo vem à luz do dia, como a revelação foi feita, aí está o que convém não esquecer. Tal revelação, a da Vida absoluta em nossa vida finita, tem desta todos os seus caracteres. Ela também não poderia ser interpretada como um conhecimento de objeto, como uma aparição cuja luz é a do mundo. Porque essa revelação se cumpre como vida e, assim, na vida, ela penetra, com efeito, todas as modalidades da vida – em particular nossa ação. Arrancando a máscara da hipocrisia, não estabeleceu o ensinamento de Cristo que, em sua efetuação real, a ação escapa ao reino do visível, desenvolvendo-se no segredo dos corações, onde Deus a vê? "Vir à luz do dia", para essa luz invisível, quer dizer: iluminar os corações. Toda a ética cristã supõe que não se trata de *dizer* (no sentido da linguagem comum), mas de *fazer*. "Nem todo aquele que me diz 'Senhor, Senhor' entrará no Reino dos Céus, mas sim aquele que pratica a vontade de meu Pai que está nos céus" (Mateus 7,21).

Assim, a Palavra que fala no coração, a palavra da Vida que a engendrou, é a mesma que, transformando-o de alto a baixo, tem o poder de operar a regeneração do homem, o restabelecimento em seu esplendor de sua condição original de Filho.

Este é o momento de voltar a uma prova que, no debate retomado incessantemente com os fariseus, os escribas e os chefes religiosos, Cristo dá de sua condição divina – a saber, a identidade entre sua Palavra e a de Deus, identidade que o designa como o Verbo. Prova surpreendente porque, entre todas as declarações em que Cristo desvela progressivamente *quem ele é*, é a única vez em que ele se refere ao homem como *àquele que poderá sentir e experimentar em si a verdade da palavra de Cristo sobre ele mesmo*. Esse texto é efetivamente insólito. "Se alguém quer cumprir sua vontade, reconhecerá se minha doutrina é de Deus ou se falo por mim mesmo" (João 7,17). O que é definido nessa proposição essencial é *o fenômeno da experiência religiosa*, experiência incontestável para todo homem a quem é dado fazê-la. E essa experiência lhe advém a cada vez que, escutando a palavra e entregando-se a ela, ele faz a vontade de Deus. Assim, na obra de misericórdia, esquecendo-se de si mesmo e deixando lugar em si para o cumprimento dessa vontade, o homem já não é nada além dela. Quando, pois, sua ação se tornou a vontade do Pai, aquele que a cumpre sente o extraordinário alargamento de um coração liberto de toda limitação e do peso do egoísmo humano: ele sabe que a Palavra cujo ensinamento paradoxal ele segue não vem de um homem, mas de Deus. Assim, ele ainda experimenta em si a verdade da promessa feita por Cristo: "Se permanecerdes na minha palavra, sereis verdadeiramente meus discípulos e conhecereis a verdade, e a verdade vos libertará" (João 8,31-32).

A experiência religiosa, a transtornadora experiência da liberdade não são dadas, assim, senão àquele que escuta a Palavra. Escutar a Palavra, no entanto, não supõe um coração puro, livre do mal – do traumatismo e da mentira em que o mal envolveu tudo? "(...) se a luz que há em ti são trevas, quão grandes serão as trevas!" (Mateus 6,23; cf. Lucas 11,35). A possibilidade da experiência religiosa que liberta o homem não está então presa num círculo? Somente a escuta da Palavra pode nos libertar do mal, mas o mal tornou impossível a escuta da palavra.

Aquele cujas palavras são reportadas nos Evangelhos sabia tudo isso. Sem dúvida ele não teve outro recurso, ele, que queria salvar o homem libertando-o da escravidão do pecado, senão proceder a uma espécie de golpe de força. Dado que só aquele que dispuser em seu coração da Palavra original da Vida será suscetível de ouvi-la, de escutá-la, de permanecer-lhe fiel e, assim, ser salvo, não era necessário que essa palavra viesse pôr-se entre nós para dar-se a si mesma a nós? A Encarnação do Verbo na carne de Cristo é essa vinda da Palavra da Vida numa carne semelhante à nossa. Por conseguinte, a condição para que essa Palavra de Deus seja efetivamente recebida por nós, não será que Cristo nos dê sua própria carne, unindo sua carne à nossa, de modo que ele esteja em nós e nós nele – assim como ele está no Pai e o Pai está nele?

Elaborar tais suposições quanto aos desígnios de Deus não é um pouco presunçoso? Quem foi seu conselheiro?, perguntará Paulo. No entanto, essas são revelações feitas pelo próprio Cristo na sinagoga de Cafarnaum: "(...) Eu sou o pão da vida. Vossos pais no deserto comeram o maná e morreram. Este pão é o que desce do céu para que não pereça quem dele comer. Eu sou o pão vivo descido do céu. Quem comer deste pão viverá para sempre. O pão que eu darei é a minha carne para a vida do mundo" (João 6,48-51).

> Os judeus discutiam entre si, dizendo: "Como esse homem pode dar-nos a sua carne a comer?" Então Jesus lhes respondeu: "Em verdade, em verdade, vos digo: se não comerdes a carne do Filho do Homem e não beberdes seu sangue, não tereis a vida em vós. (...) Quem come minha carne e bebe meu sangue permanece em mim, e eu nele. Assim como o Pai, que vive, me enviou e eu vivo pelo Pai, também aquele que de mim se alimenta viverá por mim" (João 6,52-57).

Essas palavras, que também escandalizaram muitos discípulos, já não são de um ensinamento, mas de salvação. Elas nos dão ocasião para uma última meditação sobre a Palavra. A Palavra de Deus opõe-se à palavra dos homens de poder mais que limitado, quando não enganador. Mais que nossa ação, nossa palavra leva a marca da limitação. Aquele que diz: "A sessão está aberta", o tirano ou o ditador ou o presidente a quem se obedece sem que ele eleve a voz será talvez eliminado amanhã pelos que hoje se inclinam diante dele – e que conhecerão por sua vez a mesma sorte.

Ao contrário, a onipotência da Palavra divina é a da Vida absoluta. A instituição da Eucaristia, de que os sinópticos fazem o relato, exibe este poder: "Isto é o meu corpo". No memorial ininterrupto dessa instituição através dos séculos, é, repetida pelo sacerdote, a palavra soberana de Cristo que consagra a oferenda.

Em Cafarnaum, a economia da salvação é exposta com toda a clareza. A onipotência da Palavra é a invencível vinda em si da Vida revelando-se a si em seu Verbo. Porque o Verbo se encarnou na carne de Cristo, a identificação com essa carne é a identificação com o Verbo – com a Vida eterna. "Quem come minha carne e bebe meu sangue tem a vida eterna, e eu o ressuscitarei no último dia" (João 6,54).

DADOS INTERNACIONAIS DE CATALOGAÇÃO NA PUBLICAÇÃO (CIP)
(CÂMARA BRASILEIRA DO LIVRO, SP, BRASIL)

Henry, Michel
  Palavras de Cristo / Michel Henry; tradução Carlos Nougué.
– São Paulo: É Realizações, 2013. –

Título original: Paroles du Christ.
ISBN 978-85-8033-140-0

1. Jesus Cristo - Palavras 2. Palavra de Deus
(Teologia) 3. Teologia fenomenológica I. Título.

13-11441   CDD-232.954

ÍNDICES PARA CATÁLOGO SISTEMÁTICO:
1. Jesus cristo : Palavras : Teologia
fenomenológica : Cristianismo   232.954

Este livro foi impresso pela Gráfica Vida & Consciência para É Realizações, em fevereiro de 2014. Os tipos usados são Aldine 721 e Adobe Garamond Regular. O papel do miolo é off white norbrite 66g, e o da capa, supremo 250g.